「不讲理」的艺术

情商高就是不较真

黄志坚 / 著

中国致公出版社
China Zhigong Press

图书在版编目（CIP）数据

"不讲理"的艺术 / 黄志坚著. -- 北京：中国致公出版社，2017

ISBN 978-7-5145-1050-8

Ⅰ.①不… Ⅱ.①黄… Ⅲ.①人际关系—通俗读物 Ⅳ.①C912.11-49

中国版本图书馆 CIP 数据核字（2017）第 139280 号

"不讲理"的艺术

黄志坚 著

责任编辑：尤 敏 卜艳明

责任印制：岳 珍

出版发行：中国致公出版社 China Zhigong Press

地 址：北京市海淀区翠微路 2 号院科贸楼

邮 编：100036

电 话：010-85869872（发行部）

经 销：全国新华书店

印 刷：北京中印联印务有限公司

开 本：787mm×1092mm 1/16

印 张：16

字 数：250 千字

版 次：2017 年 7 月第 1 版 2017 年 7 月第 1 次印刷

定 价：39.80 元

PREFACE 前言

傻瓜才处处讲理，笨蛋才事事较真

人们常说“没有规矩，难成方圆”，社会是一个复杂的机体，要想让社会长治久安，就得用秩序来约束它。这里所说的“规矩”与“秩序”就是我们所说的“理”。社会是由一个个成员组成的，只有每个成员都懂得了“讲理”的重要性，并将其真正地贯彻执行下去，才可能有利于社会的和谐发展。但是，不分场合与时机的讲理，却并不是一件好事。

有一次和三个哥们儿喝茶聊天，大家谈到各自的婚姻问题。

一个哥们儿说：“结婚两年多，和太太吵架的次数不算多也不算少，每次吵完，大家都气鼓鼓的：这人怎么这样，为什么这么不讲理？”

另一个哥们儿接话说：“这是夫妻双方磨合不够，我跟我太太已经相识相恋 7 年了，7 年还磨合不够呢。”

第三个做培训师的哥们儿听了哈哈一笑说：“其实大家的情况很普遍，可能做讲师做惯了，喜欢摆事实，讲道理。有一次上完课，晚上 10 点多才回到家，看到厨房地板上有些垃圾，脸上有些不悦。爱人连忙解释说，一忙就忘记倒了。我的职业病使然，跟她讲道理说，这不是能力问题，而是态度问题！说完后我马上意识到犯傻了，但道歉已经太迟了，爱人埋怨了我一个礼拜，而且一直耿耿于怀，老翻旧账。”

我们听完，哈哈大笑，都觉得培训师课堂上的口若悬河、语惊四座还是不要带回家里的好！通过这次聊天，大家都有这样的共识，那就是家里不是讲理的地方。相对而言，男人理性重逻辑，喜欢讲理；女人感性重感觉，喜欢被关注、被重视的感觉！在家里，女主人关注的是爱和被爱，而不是有理和无理，家里不是讲理的地方，要讲理也讲不通！因此，对女人，理性的做法是少讲理，多给爱。不是有人说了吗，“吻女人的眼睛，女人的眼睛就花了；吻女人的嘴，女人的嘴就闭了；拥抱一下，她的眼中就只有你了”。

都说幸福的婚姻都是相似的，不幸的婚姻各有各的不幸。其实，经常亮红灯的家庭，原因也是相似的，并不是他们关系不好，而是太过于爱讲理的缘故。

回想一下，每对夫妻，他们从相识、相恋，到走入婚姻的殿堂，肯定是不缺乏感情基础的。但两个人朝夕相处，牙齿总有碰到嘴唇的时候，再完美的家庭都难免有矛盾和分歧。幸福的家庭并不是没有矛盾，而是他们有把矛盾转变成生活小情调的智慧，不但不影响家庭关系，还能让关系更加融洽。

而那些不幸的家庭，不但没有解决矛盾的能力，还为了逞一时口舌之快，让矛盾和分歧愈演愈烈，不断升级。由于嘴巴上不愿意吃亏，唇枪舌剑，非要辩出个我是你非来不可，于是，越吵口气越冲，陈年旧账也都搬了出来，双方竭尽全力，一门心思只想让对方认错认输，结果到最后，谁也不服谁，道理上的胜负没分出来不说，还导致两个人心理伤害多于温情，两败俱伤。

都说清官难断家务事，足以证明家庭琐事、是非曲直，是一个永远也说不清楚的事情，争执永远不是解决问题的办法，只会把问题搞得更糟。家庭矛盾的根源往往多是鸡毛蒜皮的小事，在小事上争输赢，却葬送了家庭的大幸福，这是愚蠢的行为。家里不是赛场，不必分出胜负；家里也不是生意场，不必精明算计盈亏。

正像一首歌唱的那样：“你冷冷地笑要我说个清楚，这次到底谁赢谁输，原来我拿幸福当成了赌注，输了你我输了全部。谁叫我拿幸福当成了赌注，输了你我愿赌服输！”太多的人喜欢把感情当赌注，经常把相爱的人放于天平的两端，一定要分输赢、胜负，殊不知不管谁输谁赢，最后都是两败俱伤。家里都是彼此相爱的人，共同撑起一片可以遮挡风雨的天空。所以，在家中，请把道理关在门外，多讲爱，尽量少讲理，这样，幸福指数才会高。

不仅家庭如此，其实在现实生活中，很多地方都不能太讲理。身处在一个复杂多变的社会之中，我们不能不分场合、不分对象、不分时机地讲理。否则，结果往往是我们赢得了“理”却输掉了爱情、亲情、友情、生意等。仔细想一想，这又是何苦来着？令人遗憾的是，在我们的身边有着太多太讲理的事情了，结果是既伤害了自己也伤害了别人。

有些父母在教育子女时，经常让孩子按自己的要求来行事，绝不允许孩子越雷池一步，而且在一些不应该讲理的事情上与孩子斤斤计较，这样也许可以让孩子快速地成长起来，但却拉远了与孩子之间的心理距离。

有些人在恋爱的时候，经常喜欢胡乱吃醋，喜欢揪着对方的小辫子不放，甚至眼里容不得一点点沙子，绝不允许自己的爱人对自己说一点点小谎话，这样长此以往只会让爱人越来越厌烦，甚至落下个分手的结局。

有些人在与朋友相交时，总是喜欢计较付出的多与少，总是喜欢表现得比朋友聪明一点点，这样只会让自己身边的朋友越来越少，最后弄得自己变成了一个没有人愿意接近的“孤家寡人”。

置身于竞争激烈的职场，很多人都喜欢就事论事，这原本无可厚非。但是，倘若一味地较真、一味地讲理，与同事、老板非要争个一清二楚，那么只会落得两败俱伤的下场。在充满功利的商场，面对顾客只看到钱却看不到人情，只看得见大钱却置小钱于不顾，这样只会失去顾客的青睐，最后损失最大的还是自己。

很多人在遇到不讲理的人时，往往因一时意气非得分出个高低来，结果使自己心情郁闷，甚至充满很重的挫折感。面对阿谀奉承的人，我们大可不必太放在心上；

面对忘恩负义甚至恩将仇报的人，我们大可大度宽容地一笑了之；面对八面玲珑的人，我们大可不必在意其“二面派”；面对与自己意见不同的人，我们大可抱着求同存异的思想坦然地接受别人的意见。

每个人的一生都不可能一帆风顺，每个人的人生都会面临一些关于“得与失”的问题。很多时候，我们往往因为得到而欢欣不已，却因为失去而痛苦不堪。其实，我们完全没有必要太计较一时的得与失，因为得失之间是可以相互转换的。

所以说，我们在教子、爱情、友情、工作、商场等方面绝不能执拗地讲理，在能讲理的时候和别人讲一讲，在不能讲或者讲理并不会给双方带来什么好处的情况下，不妨糊涂一点。只有这样，才会让自己与孩子的关系越来越融洽，才会让自己的爱情越来越美好，才会让朋友越来越愿意接近自己，才会让自己的工作越来越顺利。

每个人都应该在看到讲理的积极意义的同时，也了解到过度地讲理可能会给生活带来的负面影响。作为世界上最高等的动物——人类，我们应该掌握好讲理的度，不能随时随地地、不分场合时机地讲理。在必要的时候，我们完全可以不必太讲理。毕竟，适时的不讲理远远胜过盲目的较真。

总之，无论身处亲人圈、朋友圈，还是职场圈、社交圈，都一定要切记：傻瓜才处处讲理，笨蛋才事事较真。学会吃亏，机会就比别人多；能不较真，人缘就比别人好；懂“不讲理”的艺术，活得就比别人舒心、快乐、自在。

CONTENTS 目录

3 Chapter 家是暖心的安乐港湾，少讲理多欣赏，少较真多体谅

4 Chapter 爱需要包容，总爱讲理只会两败俱伤

7 Chapter 跟客户讲理，不如讲交情

8 Chapter 别与某些人作口舌之争，否则你再有理也伤不起

9 Chapter 少讲理，多退让，反而笑得最多，笑到最后

1

Chapter

热衷于讲理的人，并没有成为人生赢家

在人类发展的长河里，“讲理”曾起过非常重要的作用。因为“讲理”，社会才能够稳定；因为“讲理”，人与人之间的关系才能够和睦；因为“讲理”，人间才有了正与邪的较量。

古往今来，人们都认为一个“理”字便可以畅行天下，更何况大多数人都有赢得“理”的强烈愿望，所以不愿意让自己吃哪怕一点点亏。于是，“理”成了很多人热烈追求的美好事物。然而，那些整天热衷于讲理的人，有没有成为人生赢家呢？并没有！为什么会有这样的结果？因为只有傻瓜才处处讲理，真正的人生赢家知道什么时候该讲理，什么时候该闭嘴，什么时候该吃亏。

有理不一定走遍天下，有时候难免会“秀才遇上兵，有理说不清”

『在只应讲理之处别寻求使用权力。

——韩德强』

说到讲理的话题，我第一时间联想到的是香港电影里法庭上被告与原告辩护律师唇枪舌剑的桥段。谁都希望一剑封喉将对方击败，赢得官司，所以他们保持高度的警惕，竖起耳朵，睁大眼睛，不敢放过任何细节，希望能从种种蛛丝马迹中找到漏洞和突破口。

每每看到这样的情节，我总是目不转睛，生怕错过其中的精彩。更让人拍案叫绝的是那种不到最后一刻，你都无法预知结局的悬念，那种看似已成定局，却又峰回路转、情势大逆转的刺激。

相似的桥段，也体现在商业谈判当中。一言一行，玩的不仅仅是嘴上功夫，还有心计与智慧。所以说，商场如战场一点也没错，战场输赢，关乎生死；商场赢输，关乎利益，利益关乎企业与个人的生存，同样是残酷的。

在法庭辩护与谈判这种需要辩论的场合，是讲理最集中体现的地方，谁把道理讲得淋漓尽致，讲到别人心服口服，谁就是赢家。而职业讲道理者，莫过于律师和老师了。律师的表现前面已经讲过了，他们对各种法律条款倒背如流，一切辩论的依据是法律。而老师更是被冠以“传道解惑”的职责。

其实律师与老师的职业操守，正好体现出了道理的本义。道理，即规则、规律、原则、法则，一种是法律规范，另一种是道德规范，这是狭义的；广义的还包括约定俗成的各种规范。

“没有规矩，不成方圆”，实质上说的就是为人处世都需要遵循“道理”，而且把是否讲道理用来评判一个人是否有素质的标准，以蛮不讲理为耻，以讲理为荣。这样的道德准则，是跟中国多年深受道家、儒家、理学家等传统思想的熏陶有关的。

仔细想想，生活中是否需要讲理，面临着三种场景：第一种是遇到素质高，愿意跟你心平气和讲理的人；第二种“公说公有理，婆说婆有理”的场景；第三种则是以自我为准则，完全不跟你讲理的人。

在现实生活中，遇到第一种场景，自然很好沟通。如果是第二种，每个人站的立场不一样，无所谓对与错，道理不一定讲得通。遇到第三种，你费尽口舌与之讲理，只会适得其反，因为他们是不讲理的人。这就像一个完全不懂外语的人，你跟他叽里呱啦说一通，对方听不懂不说，甚至他还以为你在骂他呢。令人难过的是，在现实生活中，第一种人往往寥若晨星，而第二种，甚至第三种人则比比皆是。如果你抱着“有理走遍天下”的想法，你需要做好头破血流的心理准备。

曾经看过一个小故事，说的是有个圣人带着自己的门徒不远万里地来到他心中的理想国。没想到，满目荒芜，物是人非，他大吃一惊，赶忙找到了一位老人询问原因。

老人冷漠地说：“被灭了。”

圣人不相信：“怎么可能呢？他们可都是有大智慧的圣徒啊！”

老人长叹一声：“正因为他们都是有大智慧的圣人，所以他们才斗不过流氓！”

通常，越有知识的人，越相信讲理就可行遍天下。因为越有知识的人，越被知识中的道理捆住手脚，越理想化地把每个人都想象成是跟自己一样的人。殊不知，有些人是不会跟你一样讲理，而是讲拳头和暴力的。显然，这个故事和“秀才遇上兵，有理说不清”说的道理同出一辙。

很多事情就是让人觉得不可思议。记得有天晚上，经过女子学院大道两旁的街道。正是夜市最热闹的时候，一家紧挨一家，并排到处都是卖女人用品的小摊，因为地处女子学院，路过的全部是学院女学生。所以，大家所卖的东西差不多，都是女生衣服、用品、装饰品等方面的。

卖同样的商品，我却发现有个女人的生意特别好，她忙得应接不暇，而其他摊位却显得相对比较冷清。我站在一旁，很好奇，其他人比她漂亮，而且会吆喝，她到底凭什么。后来，我才知道，原来她是一个哑巴。

这样我就觉得更奇怪，按理说，能说会道的才更有利于卖东西。通过观察我发现，哑女有自己的一套：当顾客挑完东西，到她面前付款时，她飞快地在一个本子上写下一个数字，再撕下来给顾客。竟然没有人讨价还价，都很干脆地付了钱。

许久，我都没弄明白，明明是生理缺陷，怎么反而变成了优势。现在想来，我明白了其中道理，有时候无声胜有声，没有讨价还价的拉锯，反而更能得到别人的信任。譬如，现实生活中，那种太能说、太能侃的人反而让人产生一种不信任感，那种不怎么说话、不怎么较真的人，反而更让人觉得信服。试想一下，那些特别喜欢较真和抬杠的人，生活中有什么朋友？自己活得憋屈不说，别人也不愿意去帮忙他们。

说到不能讲理的地方，我觉得首当其冲，是在男女关系上，特别是女人，你跟她们讲理，是不想爱了。

有种男人，他们在外面是某方面的专家，能够面对一屋子的人演讲，能引经据典、侃侃而谈，闻者莫不折服。但走进家里，面对老婆，说尽天地间的大道理，说得唇焦舌干，老婆不但听不进道理，反而与你针锋相对、水火不容。所以，跟女人是最不能讲道理的，对她们要讲爱。

我一直很认同一句话，叫男人要懂，女人要宠。这是由男女不同的心理决定的，女人是感性的动物，她们需要宠爱，听不进理性的道理。与其跟她们讲道理，不如略施小惠，稍表殷勤，说句感性的甜言蜜语，常记她的好，你就是有一百个不是，她也愿意听你的。其实女人，真不是不讲理，她只是不愿意跟你讲理，她跟别人是讲理的。不跟你讲理，这是因为你是她最爱的人，在她的内心世界里，最爱的人是不能跟自己去计较的，而应该无条件宠爱自己。

两性关系如此，生活中绝大多数的时候，都是不适合讲理的。要知道，现实生活是 95% 的平淡加 5% 的激情，在绝大多数情况下都是无关痛痒的小事，太多的时候没必要为小事抓狂，那样是得不偿失的。要想享受平平淡淡才是真的幸福并赢得左右逢源的好人缘，一定要放下“有理走遍天下”的想法，不要一根筋地处处讲理。

爱用讲理来证明自己正确的人，赢了口舌，输了人生

『人之所以有一张嘴，而有两只耳朵，原因是听的要比说的多一倍。

——佚名』

有的人热衷于讲理，除了观念上的错误，其根源还是来自于虚荣心，急于证明自己，急于表现自己，期望通过讲理辩服他人，以“讲理”（有时候会发展成“争执”）这种行为活动的胜利来获得他人的理解、认同，乃至实际利益。

这样的想法，似乎在逻辑上没有什么错误，但放在实际中，往往是行不通的，因为哪怕是阅人无数、善察人心的智者也无法完美地控制他人的心理活动，并且每一次都不落空，简单来说就是——你无法操控别人的内心。

每个人的成长环境、受的教育不同，“三观”自然就不同。我在年轻的时候，刚出社会，因为交往的人群扩大了，不再是校园那么狭窄，基本上天天都会有这样的疑惑：为什么他会这么做？为什么他会这么想？有时候我很不能理解，在我的观念里很正确，再自然不过的事，在别人眼里成了“奇怪”、“异类”，我觉得很不正确，无法想象“怎么会有人好意思这么做”的一些事，有的人做起来却很自然，还觉得我大惊小怪。

慢慢地，过了这么多年，我渐渐能够处变不惊了。俗话说“一样米养百样人”，你企图以你觉得正确的道理说服别人，实际上就是把你的观念强加给别人，别人根本无法理解。或许你觉得某个例子很有说服力，听的人也许会觉得——这不是很正常吗？他的心理活动不会按你安排好的延伸。这就是一个无法操控别人内心的最好

证明。

别人理解不了，自然也无法认同，这个期望就会落空。一个人过分热衷证明自己的正确，一旦发现他的说理不被接受时（或者效果不好），就会更热切地证明自己，以至讲理的方式更惶急，甚至开始手舞足蹈、言辞刻薄、面目狰狞。假如这个讲理的“结果”涉及物质利益（说服客户），这个时候就更可怕了，也就是我们常说的“吃相太难看”。这个时候，不仅得不到他人的尊重（因为别人感觉不到被尊重），结果无法达成，自然也得不到任何实际利益。

讲理本身就有着“说教”的表象，人都是好为人师，不愿意当学生的。即使面对你的下属、孩子，一味地说理，也会让听的人厌烦，使其内心也会产生抵触情绪。把道理都放在自己这一边，仿佛对方的想法、做法一无是处，这比发泄式的责骂更伤人自尊。这样的谈话，是无法辩服他人的，对方就算口服，内心也不会服，没有任何意义。

最近，我听到一群女同事在抱怨一家美容产品零售连锁店，这样的现象引起了我的好奇，是什么样的商店这么惹人厌烦呢？原来，问题出在它们的导购上。这家香港的零售连锁店，总让人感觉没有在导购培训上下成本。由于美容产品的特殊性，导购应该是经过培训的，而不是好像街上临时拉来一个人开始工作，一些基本常识都不懂，一问三不知。但我的同事们抱怨重点还不是在这里，重点是这些导购虽对美容知识不熟悉，销售的手法倒是如出一辙。

首先是进入商店，导购一窝蜂地围上来，开始滔滔不绝的推销，主要论调是——你以前用的有多么差，我推销的才是最适合你的。这样的口吻，相信任何女性都受不了。且不说被那些聒噪的导购员推销围住，让人无法好好看货品，推销的内容也过分枯燥，大部分就是产品说明书上的论调，道理是没错，但同一种产品不可能适合每个人，每个人的肤质不同，导购应该是合理推荐，而不是一味推荐自己提成高的品牌。再说她们说服顾客的语言是通过否定顾客的选择来证明自己推销的正确，比如“你的皮肤这么差，一定要用我推荐的这瓶水毛孔才会小”，或者“你用 ×× 牌吗？那就是个杂牌子，怎么比得上我这个牌子”等。

如果顾客都是错，自己才是对，真的会有顾客被说服吗？这样的销售手法，哪怕是本来就准备购买的人，听着心里也不舒服。道理上说得冠冕堂皇，好像是一心想拯救顾客的皮肤，其实正常人都懂，一味证明自己的推销正确，就是为了自己的业绩。过了不久，我又听到一个女性朋友在抱怨这家商店，虽然我对美容产品并不了解，但也明白，这样的企业，货品再好，也会毁在这些基层的导购上，因为他们并没有真正关心顾客本身。

所以，妄图以“说理”来证明自己正确，这本身就是不正确的。在和人打交道的过程中，无论你面对的是亲人、爱人、朋友、同事、客户，还是陌生人，要想和谐相处，一定要有“求同存异”的思维，不要用滔滔不绝、居高临下的道理来“驳倒”对方，任何性质的谈话都应该是“引导”式的，哪怕是争吵。“和谐”才能产生和谐的结果，否则一不小心就会“崩盘”。

总之，人在世界上，最重要的不是努力证明自己“对”，而是要得到最终想要的结果，喜欢讲理的人执着于输赢，往往是赢了口舌，输了人生。

只占便宜不能吃亏的心理要不得

『贪小失大，惜指失掌。

——佚名』

人说吃亏就是占便宜，这里且不说占便宜的问题，就说我们吃了亏，而“便宜”还没到的时候，是什么心态？是人都有得失之心，特别是发现吃了亏的时候，一般都会有“据理力争”的心态，于是表现往往比较激进，这也是很多人喜欢讲理的心理根源。在争执的状况之下，大脑都是不冷静的，讲出的“理”往往有失偏颇，变成“死理”，不仅不能挽回“吃亏”的损失，还会破坏自己的形象。

其实人生在世，做事大可以功利一点，也就是行动之前计算一下成本。吃了一些小亏，便花费大量的时间、精力“据理力争”，就算最后赢了，挽回了自己的利益，也是得不偿失的。

比如，有人话里有话，损了你一句，这种小亏淡笑一声也罢，旁人在一边听着，只会觉得损人的很酸。反之，若你为了这点小亏跟人较真的话，诘问别人“到底是什么意思”，而且说了一堆为自己辩解的话，似乎都是道理、都是事实，但别人一句——我不是这个意思啊，你不要乱想。这一句就可以将你的“据理力争”打败，倒显得你“无理取闹”。

人都喜欢占便宜，不喜欢吃亏，但这世界本没有这么多便宜可占，反而每个人每天都在吃亏，有的亏只能暗吃，有的亏不值得计较，倘若桩桩件件事情都要较真，摆上台面说出个一二三的道理来，活得也太累了。无论是实际的亏、无形的亏，抑或是生活中的亏、职场中的亏，都需要保持一点功利之心，这里的功利之心不是计较吃亏的得失，而是要及时止损，在无法讲道理和没必要讲道理的时候，这个亏吃了就吃了吧。

我认识一个做五金件的业务员。有一次一家筷子厂定了一批锯片，发过去之后破损很多，厂家要求退货，我朋友很奇怪，运输之前的包装是绝对专业的，怎么会破损？于是就坐车从市内到郊区，特地去现场查看，结果发现的确是破损了一批，但明显一看就是组装操作不当损坏的。朋友没作声，面对厂家的不依不饶，私人补偿了1200块钱，重新定了一批，并且几天之后亲自指导厂家组装。同事都说他蠢，这样的小业务，也值得费心跑几趟，还私人补钱？朋友后来对我说：也不是为了留客户，纯粹是没办法，那个厂家摆明了不愿承担，说是说不通的，这个亏只能吃，要不一说出去只能是产品有问题，对我的业务风评也有影响。

但一个月之后，这家筷子厂要扩大，新添了很多设备，想到我朋友的为人，首先就找到他，一次性定了10万元的货。

吃亏吃得低调点，把事情“顺”过去，甩在脑后，比“争”更有水平，就像在水里呛了一口水，一急之下手脚乱扑腾，筋疲力尽反而死得更快，倒不如保存体力等待救援，说不定还自己慢慢浮上来了。吃了亏不冷静，吃了亏不低调，其实是在给对手创造机会。

我见过一个男孩在他的上司面前拍桌子，连水杯都震得晃了一下，其时我当时刚好在同一个办公室里，不禁诧异又尴尬。

接着便是长达半个小时的讲述，我渐渐听明白了，原来是男孩觉得上司对自己的工作分配不合理，在团队没有占到主导位置，而后摆事实讲道理，说明自己的能力和经验，完全有资格担当重任，直指上司处事不公，任用亲信。

上司很沉着，说：“他（团队主导）有他的长处。”

男孩更为恼火：“他有什么长处？如果我来指挥，上次的项目绝对……我会这么做……”

巴拉巴拉又说一大堆自以为是的“道理”，上司还是沉着，等他讲完，说：“从来没有人在我面前拍着桌子教育我该怎么安排工作，还是当着客人的面，你是第一个，即使你再有道理，道理说得再好，从这件事看，你就不适合领导团队。”

人不成熟的时候常常经受不了一丁点儿的不公平，总以为这世间万事万物都有道理可循，所以执着于“争”，上文中的男孩就是这样，刚出校门没几年，心理上还没有一定的承受能力，受了点委屈拍着桌子找上司“要个说法”，最后的结果是被辞退，“说法”没要到，反而让对手更得势。

其实男孩本可以做得很妥当，就算那个团队主导真的是上司的亲信，又怎么样？这个亏是吃定了的，上司有绝对的话语权，即使男孩的道理摆得再好，上司也不可能给出解释和安抚（这无异于坐实了自己的私心）。倒不如克制住自己的“年轻气盛”，沉下心来好好工作、学习，毕竟在公司中展现自我的机会多得是，领导也不只一个，何必非得在一棵树上吊死。我见过很多“后来居上”的年轻人，进入企业没几年，已经和初入职时跟随的上司平级了。

很多人都是“一半智慧”，占便宜的时候懂得低调，因为怕人觊觎、嫉妒，这很聪明，可是不懂得吃亏的时候也要低调，拍着桌子讲道理，这很愚蠢，所以说智慧只有一半。要做到吃亏就当没发生一样，懂得蓄势反击，用实力反击，有这样的心理，自然就不会热衷于讲死理了。

执着于“饿死事小，面子事大”，其实是一种愚蠢

『什么是脸面？我们干大事的从来不要脸，脸皮可以撕下来扔到地上，踹几脚，扬长而去，不屑一顾。

——严介和』

有些人是出名了的“好面子”，当年手机刚普及全球的时候，翻盖式手机在东北亚地区尤其是中国卖得最好。西方的手机厂商不明白，直板机型在西方卖得很好，在中国的接受度却很低，相反，翻盖式手机在西方并不受欢迎。一家报社因此做了专题探究，一位手机经销商道出了原因：手机刚出来的时候，在中国还属于“奢侈品”，只有有钱人才能消费得起，即使慢慢便宜了，也不是每个中国人都能负担的。翻盖式手机在开合时动作比较大，还会发出一声脆响，容易引起别人的注意——看，我有手机，很符合中国人好面子的心理。

从社会说到个人，面子害人不浅啊。我认识一对夫妇，离婚的原因使人啼笑皆非，居然是因为一碗蛋炒饭。有一天男人因为应酬回来晚了，女人因为他多日不归家，不关心孩子，不关注自己，本来就有气，于是支使男人去做一碗蛋炒饭。男人很不理解，觉得女人饿了大半天，自己不去炒，专等着自己回来炒饭！于是他说了一堆道理，指责女人饿了就该自己去炒，而不是等他累了一天回来，还要下厨房炒饭。

女人的天性都有不讲道理的一面，特别是生气的时候，倒不是无理取闹，只是在借题发挥，以“蛋炒饭”来发泄男人不关注家庭的气。但是男人不懂，一看道理

讲不通，中国式的大男子主义又发作了，居然开始动手了……

事后我为他们感到惋惜，男人是我多年的朋友，我对他说："兄弟，你跟气头上的女人讲什么道理，把饭炒了，再哄两句不就行了？就算不炒，我看她也就是想让你哄两句。"男人瞪着眼睛想不通，说："她宁愿饿着肚子闲一下午，也要等我回来炒饭给她吃！做人就不是这个道理吗？我也不是故意不顾家，我也没有在外面玩乐，一切只是为了这个家工作啊！而且她完全没把我放在眼里，我算一家之主吧，回来不盼着她热汤热水地招呼我，希望她别找我麻烦，她都做不到。"

看，这就是典型的大男人，别不信，现在的很多年轻人骨子里还是这么想的，觉得男人就是家庭绝对的"最高领导"，好面子，不愿在女人面前放下身段求和。

人好面子，其实是自尊心过强的表现，不愿意屈于人下，期望得到别人的尊重，在处事中，连一些很正常的"怀柔手段"都不屑使出，于是陷入"一定要把道理"说清楚的极端。比如上文中的男女，本来夫妻之间就不需要讲那么多道理，没必要将谁对谁错分得那么清楚，女人有错，男人也有错，一句体贴话，一句玩笑，其实就可以将事情引入另一番境地。

想要扭转"好面子"的人，需要发散到生活、事业等各个方面，最典型的就是——少讲理。道理是道理，但过分坚持所谓的原则，在这个社会将寸步难行，日常中少较真、少计较、少争辩，做人灵活一点，腰可以不弯，但一定要懂得"低头"，用柔和迂回的方式来达到目的，比硬碰硬好使。

春秋时期，鲁国的姬御被弄臣挑拨，杀死自己的叔叔姬戏，自己做了鲁国的国君。此举引起了天子周宣王的不满，因为姬戏是他钦定的太子，于是领兵讨伐鲁国，其实就是冲着姬御而来。姬御自觉没错，又不能反抗天子，于是决定自刎，由另一个叔叔姬称把头带给周宣王。姬称说："这事又不是无可解，我先去求个情，你把国君的位子让出来不就行了。"意思是给天子周宣王个台阶下就行了，姬御很固执，坚持要死，他说："生死是小，面子是大。"

因为不肯给天子一个面子，又觉得当不成国君很没面子，居然愿意自刎。"面子"的威力实在大，可在我们后人看来，实在是愚蠢。人不应该为了一些无关紧要的"原则"认死理，不可为了无足轻重的"面子"争强好胜。

太计较面子，才会凡事都求一个道理，觉得别人不配合自己的"道理"，就是不给自己面子。相信很多人都不难发现，生活中最好面子的一类人，往往也是最固执、守旧的那一类人，别人跟他们说道理说不通，他们偏偏又特别爱向别人“传道”，整天把“做人的原则”挂在嘴边，规范、传统指挥着他们的言行。这种巧合看似很妙，其实仔细一推论，漏洞百出。这样的双重标准，这样为了面子“求理”、“讲理”，引发身边人的厌恶，那也是再正常不过了。

不讲“理”一些，糊涂一些，赖皮一些，这并不代表你做人的格调低端，反而说明你是真正的智者，就像大隐隐于市，那才是真正的高人。不要再浪费时间、精力和心情在一些无谓的“道理”上，转变一下中国人的面子观，看轻一点“男人的面子”、“女人的面子”、“长辈的面子”、“优等生的面子”……很多问题也就迎刃而解了。

只许赢不许输的好胜天性害了很多人

『争强与好胜之心在思想的碰撞中可以激活智慧而集思广益，但也是偏见向真理低头的死敌。

——王润生』

幼年时曾听母亲和一位阿姨聊天，这位阿姨的人生经历过许多变革，大起大落，自然也参与、旁观过许多人的人生，谈话的最后，她叹息似的说了一句："太好强的人，一般命都不好。"

这句话给当时的我留下了很深的印象，甚至在一定程度上影响了我的人生观。古人都说"命由天定"，现代人一般信奉"我命由我不由天"，我觉得都有道理。这并非迷信，说到"命"，人生而不平等，那么多"富二代"、"官二代"，他们一出生就"赢"过了大多数人。但是，一个人的思维出现问题，他的"命"再好，"运"也不会好。相反，有的人各项先天条件均不好，可是做人做得好，对小事、大事不犯浑，人生自然把握得好。这就是对所谓的"性格决定命运"的一种诠释。

简单来说就是不怎么"好强"，不纠结于凡事出答案，因为答案有对错之分，看事情比较全面、客观、长远，所以也不必跟别人争输赢，输了又怎么样？就像夫妻，输了不一定就是输。

绕过来看生活中那些喜欢"讲理"的人，就是太好强了，他们看问题的角度非常自我，并且喜欢把每件事都分出个是非黑白来，哪怕是无关紧要的小事，哪怕这件事根本不存在"正"与"反"。他们极喜欢做里厘清与分辩这一类的事务，不喜欢自己的想法和立场被人否定，只能赢不能输。一旦被人反驳、辩倒，他们就心理失衡，脾气不好的就会大发雷霆，脾气好的会絮叨不止，郁闷非常，晚上思来想去——心口都疼了。

我曾经有个同事，第一次看到甜的豆腐脑非常吃惊，因为他们家乡的豆腐脑是咸的。其他的同事纷纷举勺就喝，只有他不动，他惊诧极了，说个不停：豆腐脑怎么能吃甜的？你们吃得习惯？豆腐脑又不是点心！他几乎是自言自语地说了五分钟，另一个同事忍不住了，说："豆腐脑怎么不能是甜的，我从小就喝甜的，我们那里还没人吃咸的呢！豆腐脑本来就是甜品。"就这么说了一句，引起了那个同事莫大的反应，又开始讲豆腐脑甜的如何不能接受，并开始讲解他们家乡的咸豆腐脑怎么吃、多么好吃等，总之就是咸豆腐脑是甜豆腐脑不能比拟的。

大家都知道，这个同事平时说话就不怎么让人，因此大家都不作声，我只好出来打个圆场："甜的咸的都能吃，我们那里就是，豆腐脑因此，还可以做汤、做菜呢！"想不到更激起了那个同事的争辩："豆腐脑本来就应该是咸的，甜的就不叫豆腐脑了！"于是我也不说话了。

过了几天，这个同事带了一份自己做的咸豆腐脑来当早餐，并且向"每个人"炫耀了一番，又过了不久，大家发现他在公司内部的论坛上发表了一篇《考据豆腐脑》的帖子，从豆腐脑的诞生、流传等各方面来证明——豆腐脑只能吃咸的。可惜那篇帖子没有一个人留言，大家也很有默契地不再"激"那位同事了。

豆腐脑究竟应该是咸的还是甜的？这本就不是个问题，问题在于，那位同事将豆腐脑的咸甜和自己的自尊挂上钩了，他的立场是咸，所以不能接受别人的甜，一旦他的观点被否定了，就是自尊掉地上了。他一定要将这个"道理"说明、说通，甚至说赢，他看起来认真与严谨，但是在现实中就是惹人烦、讨人厌，事实证明，这位同事过于好强的性格，不仅影响了他的工作，还严重影响了人际和感情生活。

这位同事不能平静地接受别人的口味，一味地强调自己的口味是正确的，不考量地域差异、小吃风味，急切地求认同，想把所有人变成"追随者"，自己当"赢家"，虽发诸之于豆腐脑的咸甜，但想必对待其他事自然也是这个态度。

从"豆腐脑事件"中可以看出一个人对于"讲理"的执念，从"讲理"这件事就能透露一个人性格上的偏执，偏执的好强是人格中危害最大的"毒瘤"。因为太好强，只想赢，会产生许多恶果——不关注过程、手段卑鄙、患得患失、悲观消极、多疑敏感、情绪失控、压力过大、粉饰漏洞……慢慢地将人生推到一种恶性循环的境地中。

那些不好强的人，并不代表他们活得不认真。就从“讲理”这一件事情来看，他们就非常宽容和洒脱，思考的程序可能是：他说得也有道理——有空去详细了解一下——也难怪他会这么想；或者是：我不会浪费时间对他讲道理，又不收钱——他声音这么大，不说了——浪费精力在这种无意义的交谈上，没意思。

人要专注于值得的事情上，少讲理。有的人热衷于讲理，并且一定要争出个输赢。要知道，性格决定命运，性格好并不局限于脾气好，性格好应该着重在思维、理念，具体到处事、处世的态度，“性格”好的人，有的大大咧咧，有的敦厚温婉，有的机灵慧黠，各不相同，但是仔细观察，他们都有一个共同点——不执拗。

Chapter 2

不分时机与场合的讲理，是犯傻

如果我们固执地在任何时候都与人讲理，就可能会影响到与朋友之间的友情，就可能会使亲人之间多了几分猜疑，就可能会让原本轻松的工作变得紧张而烦闷，就可能会让自己陷入痛苦的深渊之中……一言概之，凡事讲理是犯傻，最终受损最大的是你的幸福感和人脉。

我们提倡“以理服人”，但要注意方式方法

『良好的方法能使我们更好地发挥天赋的才能，而拙劣的方法则可能妨碍才能的发挥。

——贝尔纳』

圣贤提倡“以理服人”，但现实中总会遇上听不进道理又胡搅蛮缠的人，这时候该怎么办呢？具体问题具体分析，这时候重要的不是“理”了，重要的是“术”。

无论你的“理”有多么正确，没有“术”——策略，那也是白白浪费时间和精力的，就像对待听觉障碍的人士，你说一件事，嘴皮子磨破也没用，所以需要换个方法——使用手语。生活中有许多“伪听觉障碍”的人，他听力很好，但就是听不进别人说的话，甚至还装聋作哑，装作听不到。

对待这种人，需要有蜗牛的耐心，假如这个“理”非讲不可，可以采用发问式，引诱对方表态。要知道，他们装作听不到，只是故意屏蔽你的论点，然后顺理成章地不表态，其实呢？他们听得仔细着呢！油盐不进也没关系，这类人往往有强烈的反驳心理，可以利用发问（反问、提问等方式）让对方有可发挥的机会，甚至是故意扭曲事实，讲错论点，他们自然会忍不住反驳。

还有一种是“秀才遇到兵”，听倒是听进去了，但故意歪曲你的“道理”，质疑你的“用心”，就是要胡搅蛮缠，怎么说都不通。对待这种状态的人，第一是要控制情绪，以免被轻易激怒，否则这个“理”就更没法说了，然后深吸一口气，想想

这个“理”要不要讲，继续下去有没有意义。假如是无足轻重的说服和争论，一些蝇头小事，不妨退一步，不必在这种蛮不讲理的人身上浪费时间与精力。假如是久争不下，而事情又很重要，应马上采取立断模式，别再拖延时间了，寻找别的方法，退而求其次，例如，这个“道理”我讲不通了，我去请有分量的人来说。

第三种是双方都有理，只是理念不同，无法站在对方的角度上考虑，更无法接受对方的处理模式，于是怎么辩论也无法达成共识。这种状态在职场中尤其多，都想用自己的道理说服别人，都觉得自己的道理最正确，也许身在其中的人会认为是“秀才遇到兵”，但在旁人看来倒是“都有道理”，比如年轻员工的新思维和年长员工的旧经验，此时，应该马上停止较劲，采纳各自所长，针对眼前的工作，讨论出切实的方案，太讲“自己的道理”，无异于闭目塞耳，不仅影响工作进度，也会影响同事之间的关系。

我有个工程师朋友，最近被所在企业任命为专利小组组长，专门负责专利申请的事务。各项工作刚刚起步，顶头上司把他叫过去，扔给他厚厚的一本《项目计划书》，规划在 ×× 时间段内争取拿到国家的 ×× 项目资金，并且不是以讨论的态度，而是直接问我这个朋友：“这个项目能完成多少？最好抓紧时间，以免过几年政策有变。”

我的朋友也写了一份计划书，花了三天时间，仔细分析了行业现状、企业现有技术科技含量、能够申请多少专利、从哪个角度申请、是申请发明还是实用新型、通过率等问题，最后得出的结论是他觉得方方面面都不成熟，目前最重要的还是先开发。

但是上司根本没有仔细听他阐述的意见，也没有仔细看他的计划书，告诉他：“企业这次成立这个小组，就是盯上了这几年国家的政策，申请的专利有没有科技含量不要紧，通不通过也不要紧，最重要的是拿到国家扶持的奖金和政策。你却说还要先开发，这个投入企业是不可能有预算的。”

我的朋友明白了，原来这次并不是为了保护企业技术，只是为了得到政府支持，可即使是这样，他研究了一下政策，目前企业可申请的专利，满打满算也达不到政府要求，他一再阐述了这个观点。上司打着官腔，板着脸，挥挥手：“我不管这些问题，你们这些工程师，连这种问题都解决不了，企业养你们是干什么的？”

最后到底应该怎么解决呢？我的朋友知道怎么说都说不通了，因为这位上司确实不懂技术方面的问题，其唯一的目的是为企业争取政策扶持。显然，这件事情不能说谁对谁错，只能说立场和想法不同。于是我的朋友直接找到了老总，十分客观地陈述了这个问题，老总是技术出身，一听就明白了，折中重新讨论了一个方案，最终大家都皆大欢喜。

很多人一旦面临对方不听、不了解自己的想法的时候，就无法控制情绪，花费更多的时间和精力不断重复已经说过很多次的“道理”。首先我们要明白，之所以有“秀才遇到兵”这个典故，根源是“秀才”和“兵”完全不同，无论是社会身份还是所接受的教育，双方都无法跟上对方的“节奏”，就像我的朋友和他的上司，两个人原本的岗位不同，专业技能也不同，临时合作完成一个项目，需要的是两个人专业技能相乘的效果，而不是相互争辩，一方希望说服一方、压倒一方，这样只会产生相减的效果。上司不懂这个道理，我的朋友懂，所以他当机立断，说不清的道理就不说了——其一上司态度不佳，其二上司确实不懂技术。假如直接找到老总来做判断，这样问题就解决了，毕竟解决问题才是硬道理。

在现实生活中，我们每个人还会遇到很多“秀才遇到兵”的状况，由于处境不同，每个人都会有当“秀才”或当“兵”的情况，所以心态要放平一点，当你处在“秀才”的位置上时，请尽量避免絮叨，说不清的道理就别说了，小事就让它随风去。面对亲人、爱人服个软，大事转转弯，别把时间浪费在嘴皮子上，集中精力解决问题就好，而不要一心为了说服别人而耽误正事。

别总跟亲近的人讲理，有时候感情就是道理

『最高贵的复仇之道是宽容。

——雨果』

在亲近的人面前，原则可以少一点，有一个底线就行了，别太执着于道理，有时候感情就是道理。

亲近的人包括亲人和爱人，先从爱人讲起。在一段伴侣关系中，女人思维和男人思维的差异性会因为亲近的关系，对比性越发强烈，碰撞得也更频繁。一般来说，女性的自我意识比较强，她们会有划地盘的天性，当她们和一名男性变成伴侣关系时，或多或少会觉得——这个男人属于我了，另一方面女性内心又觉得自己比较弱势，需要得到照顾。在这种占有欲和依赖感作祟下，女性会希望男性无条件地顺从自己，即使是再成熟、再知性的女人，有时候也难以克制这种幼稚的念头，明知道自己在无理取闹，可是只有无理取闹才能给她们安全感。

男性就不同，天生就比较理性，也比较粗糙，他们不会关注一些小事，更不会觉得成为伴侣就从属了那个女人。

我以前的老板，常常在出差间隙向我抱怨：老婆总惦记一些鸡毛蒜皮的小事，他就不喜欢听。什么事都要管着他，诸如挤牙膏要从底部，臭袜子要扔在脏衣篓，上完厕所要好好冲马桶，颠来倒去地提醒，没有停歇的时候。老板已经算是个有耐心的男人，有时也难免急了，要和她说道理，想了想又作罢了。老板说：“女人就是这样，换一个也是这样，与其浪费时间说道理，到最后也是吵架，家和才能万事

兴，我要操心的事太多了，实在分不出心思来操别的心。”

说白了，女人就是有指导欲，归根结底是为了对方好，男人如果太坚持自己的态度，用原则来要求女人应该怎么做，就是把感情放一边，总有一天会放冷了。

对女人来说，也别太坚持自己的那一套，男人和女人的思维差异性太大，反反复复地唠叨，一再触碰底线地无理取闹，再爱你的男人，也有厌倦的一天。

比如异性朋友这件事，很多男性会觉得即使结婚了，也可以很自然地和异性交朋友，哪怕是前女友，但女性会觉得男人结了婚就要收敛。有的女人发现丈夫和女同事多说了几句话，就开始摆脸色，于是丈夫大为不解，而后也生出怒气来。可是，大多数男性也不能忍受自己的女朋友有太多的异性朋友，倘若女友常常和别的男人一起外出游玩，相信任何男人都受不了。

任何事都为对方想一想，也许就能理解了，假如双方都不忍让，坚持自己的“道理”，并企图以自己的“道理”让对方屈服，那么争吵是无法避免的，最终这段关系也是无法长久的。

亲人和爱人又不同，爱人合不来可以解除关系，亲人血脉相连，顾及相对就更少了，但矛盾可能因此更大，所以也需要更多的理解和包容。

我父母的邻居里，有一位老大伯，今年六十多岁了，退休以前在工会工作，一辈子教育人教育惯了，生就一副暴脾气，人人都要让他三分，平时在小区里，他一个看不惯，不是说就是骂，也不管对方是谁，能对着讲一番道理就讲一番道理，他的老伴常常在后面赔着笑脸，还好都是老邻居，大家也知道他的脾气，笑笑也便过了。

但这位大伯就一个女儿，据说是年轻时忙着工作，也顾不上多生几个孩子，可是老两口就这么一个掌上明珠，小区里的人却很少看到她回来，一说到这个事，大伯的老伴眼眶就红了，大伯则在一旁呵斥她：“哭什么，不回来就不回来，我就当这辈子没她这个女儿。”

只有我们这些老邻居知道，大伯的女儿当年是被他骂出去的。大伯的女儿从小就学画画，大学选了一个油画专业，但在大伯的眼里，这些都是不务正业的事，他一定要让女儿选历史专业，将来做学问，甚至瞒着女儿偷偷联系老师改了志愿，最后寄过来的还是油画专业的通知书，原来女儿最后还是改了回来。这下大伯不愿意了，他在家绝对是最高领导人，女儿不听话，任他怎么说、怎么骂都不愿意复读一年，于是父女间发生了一场巨大的争执，女儿大学四年都没有回来过一次。

毕业后，大伯帮女儿物色了一个对象，目的是把她“套”回来，但女儿直接带了一个男朋友回来，结果闹得气氛非常尴尬，男方也是学美术的，大伯自然看不上，于是又是一通说理教育，最后女儿直接和男友结婚，而后出国读书了。走之前，她对邻居大伯说：“爸爸，你指挥了我妈一辈子，指挥了下属一辈子，但我是不会被你指挥一辈子的。”

这位邻居大伯，就是一个和亲人讲道理谈崩了的典型。我曾经问他：“你干嘛那么看不上美术专业的呢？学好了有名有钱，也不差啊？”他说：“我就觉得画画的不务正业，别人学我不管，我女儿不能学！”我又问：“为什么非得限定女儿嫁给谁？自己谈的男朋友不比相亲的盲婚哑嫁好吗？”他说：“我就觉得女孩子结婚父母要拿主意，别人怎么嫁娶我不管，我女儿不能随便挑一个。”

就因为是自己的女儿，原则性好像更强了。这一点我真的想不明白，但现实中这种人还不在少数，打着亲情的幌子限定亲人的想法和行为，当亲人不遵从所谓的“道理”时，就大发雷霆，认为对方“不念亲情”。我倒觉得那些跟亲人讲原则、讲道理的人，才真正是“不念亲情”，只是为了满足自己的操控欲，忽视了亲人的想法和诉求，让家的温馨四分五裂。

无论是面对亲人或爱人，无论关系多么亲近，请记住，人活于世，每个人都是独立的个体，每颗心都是不同的，当亲近之人的想法、做法和你的出现差异时，第一要务不是向他们灌输你那些自以为正确的思想，更不要以感情胁迫，期望他们妥协，最应该做的其实是理解与包容他们，并帮助他们得到正确的结果。

再有理也别总计较，否则机会将远离你

『世界上没有便宜的事，谁想占便宜谁就会吃亏。

——徐特立』

在现实的人际交往中，我们往往羡慕那些为人精明、处处懂得为自己争取最大利益的人，这样的人，他们的字典是没有“吃亏”这样的词汇的，所擅长的就是钻营个人的最大既定利益。中国的传统文化也告诫我们——做人不要太老实，过于老实往往只有吃亏、受欺负的份儿。这样的人生教条，我不得不承认它有一定的现实意义，但是都有失偏颇。前者过于精明、过于算计，这样的人只是小聪明得了小便宜，实际上会吃大亏，试想一下，如果一个完全不懂得付出，只知道算计回报的人，有谁会愿意帮他？往往是那些懂得付出、甘愿吃亏的人，别人能感到他的好，才会愿意去帮助他、支持他。人际关系是讲究互动的，说白了就是资源的互换才能带来互惠。

工作中斤斤计较的人不愿意加班；出差不愿意先贴差旅费；上班绝不早到，下班绝不迟走；非本职工作唯恐避之不及；少给点工资大吵大闹，不依不饶；工作出状况，净推给同事，把自己撇得干干净净；受不得领导一点批评……

过分的计较看起来是精明，努力争取自己的利益，为了一些鸡毛蒜皮而锱铢必较，在一些琐事小节上指手画脚，为了一些小打小闹睚眦必报，这样的行为，只会让旁人敬而远之，同事不喜欢，领导也不待见，职场之路必定走得不顺畅，“机会”来了也等同于没机会。

王梅是一家传媒公司的活动策划，最近她的团队接手了一个烂摊子。本来是另一队策划负责的一个小型艺术节，因为各方关系打点不妥当，策划书一直没有落实，此时公司接的一个演唱会排期到了，于是就把人抽走了，艺术节抛给王梅一队来善后。

这个计划让王梅团队的每个人都很气愤，好在王梅人缘好，大家看在她的面子上，先收起了怨气，加班加点，东奔西跑，牺牲了好几个周末，总算把各方打点妥当了，策划书也落实了。

刚刚理清楚，之前那一队策划的演唱会工作告一段落了，又要来接手艺术节。这下惹来了众怒，王梅团队的好几个人跑到经理那里去“谈了心”。只有王梅没去“据理力争”，且还私人请大家吃了饭，第二周就带领整个团队到达了一个县级市，全盘负责一个农产品博览会。

博览会非常成功，省内所有的主流媒体都进行了报道。一个月之后，王梅的团队被公司委派负责一个世界级选美中国赛区的活动，这是公司本年度最大的一个业务，王梅完成得极好，而她的团队，不仅获得了公司的褒奖、业内的名气，还得到了丰厚的项目提成。

工作中，如果我们没有相应的能力和地位时，肯定会经常被拿来“垫脚”，为企业的整体利益做出个人牺牲，无论你多么占理，计较也是没有用的。有句俗话说：要想被人看得起，你自己先要了不起。人的面子不是要回来的，而是自己给自己的，没实力的人再闹腾，也只会显得可怜、愚蠢，倒不如集中精力提升工作能力，同时用态度赢得人心，当你拥有压过众人的实力时，不用努力去“说道理”，“道理”自动会站在你这边，机会自然会垂青于你。

在当今这个竞争激烈的年代，“吃什么都成，就是不能吃亏”成了许多人的生存信条。精英们忙着钻研《博弈论》，商贾们研究如何让利润厚一点再厚一点，芸芸众生在利益面前挖空心思，寸土不让……然而，很多事情是不能看其表相的。一个惊人的事实是：世界上1%的人是吃小亏而占大便宜，而99%的人是占小便宜吃大亏。大多数成功人士都源于那1%。在是非纷争中斤斤计较，只局限在“不亏”的狭隘的自我思维中，迟早要遭受更大的损失。

我更愿意把“吃亏”理解为一种“战略手段”。一个敢于吃亏的人，必定是非少而生存空间大；一个乐于吃亏的人，能够赢得他人的认可与尊重，积累良好的人际关系；一个勇于吃亏的人，自会修得一身真才实学，练就一副钢筋铁骨；一个善于吃亏的人，增加了一份达观与宁静，心智也愈加成熟……所以说，“吃亏”是一种隐性投资，一种“纵观全局”的眼光。

人生行走于世，如果我们并非无欲无求，那么在“吃亏”与“享福”之间，就不能总盯着眼前的利益去计算。换句话说，人生的每一步，都是在为下一步做铺垫。在我看来，你每吃一份“亏”，就在为自己未来的成功积攒下一点儿本钱，而你每占的一点“便宜”，都是你向人生欠下的“高利贷”。30岁是人生的一道分水岭，是一个“检验成绩”和“兑现利息”的时候，你的下半辈子过一种什么样的生活，就看你在30岁之前是在“储存”还是在“透支”了。

综上所述，我们常人所羡慕的精明，其实只能算作一种能占小便宜的小聪明，而懂得适当吃亏的人，却是一种赢得改变人生命运机会的大智慧。虽然我们没有那么高尚，去把“吃亏”理解成一种“风度”和“境界”，但在一定程度上，“吃亏”就是一架通往成功的梯子。事实就是这样：如果你一亏不吃，注定你一事难成！

总爱跟朋友讲理，最终会沦为孤家寡人

『人们最迫切的愿望，就是希望自己能受到重视。

——杜威』

君子之交淡如水，这话说得真妙。真正的君子之交是清淡如水的，一切都是那么恰到好处，所谓求同存异，是在友谊坚贞的同时，又能够理解、包容对方的不同之处。而虚假的友谊，看起来甘甜如蜜，总是在“掏心窝子讲话”，那必定是演绎出来的，又或者是私心作祟，指导欲发作，除非其中一方能忍，否则这看起来甜蜜的友谊，要不就是“假大空”，要不马上就会散伙，甚至发展成仇人。

之所以发出如此感慨，是因为我观察到一个有趣的现象，生活中真正的朋友，在一起一天也不用多说什么，不说什么也不会觉得尴尬，面对面坐着喝喝茶，想起来就说两句，说的也不过是些生活琐事。反而在应酬场上的酒肉朋友，必定是嘻嘻哈哈，说个不停，生怕冷场，并且一开口就是生意经、人生经、夫妻经，不拿出点“真理”来，都不好意思在酒桌上发言。

酒肉朋友喝完就散，说什么都无所谓，大家也都是抱着“炒气氛”的心理在说话。可是，当我们想和一个人建立真正的友谊时，我的观点是最好别说太多大道理，更不要打着“我为你好”的旗号，向朋友灌输道理，并下意识地利用“友谊”施压，逼迫朋友接受。

我姑妈在最近的一次家庭聚会上，气呼呼地数落她的一个女友。这个女友一直未婚，算得上是“剩女先驱”了，姑妈作为朋友，一直都非常担心她，多年来多次

劝她结婚，也帮她牵了无数次红线。无奈这个女友并不接受，虽然她的事业非常成功，曾经也有过伴侣，但对婚姻、生育完全没有渴望。

我妈常常劝阻我姑妈："每个人有每个人的命，她自己过得开心就好了。"但在我姑妈的观念里，女人一定要结婚生孩子，人生才算完满，一大把年纪不结婚，是严重偏离轨道的怪人。

姑妈又一次给女友介绍了一个男士，六十多岁，丧偶。这下子女友大发雷霆，多年的不满一下子爆发出来，彻底和姑妈绝交了。

在家庭聚会上，姑妈恶狠狠地说："再也不管她了！就让她一个人当老姑婆去吧！等她老了就知道惨了。"我问姑妈："您这样说朋友，是真的把她当朋友吗？"姑妈很不服气地回答："我要是没把她当朋友，我会操这么多心？我还不是为她好！"我说："您就是操太多心了。"

人生是自己的，作为旁人，不可以干预他人的选择，可以给意见，但不可一而再再而三地指导其该怎么做。我们自认为正确的道理，不一定适合每一个人。即使这个道理是整个社会约定俗成的，也不一定就是"正确"的。人可以选择接受还是不接受，比如结不结婚，生不生孩子，有一批人的思维比较先锋，觉得婚姻和生育并不是人生的必要事件，单身的生活也可以丰富多彩。

作为晚辈，我当然无法当面批评姑妈的做法，但是在我看来，姑妈的朋友并不多，相反她的女友，有着一个健康而又稳定的人际关系网，身边的朋友、同事、伙伴都是多年相交，足以证明这位女友有着丰富的生活。

从人生大事说到小事，朋友之间不存在"较劲"，没必要为琐事争个你死我活，连聚会吃什么都要一方压倒一方，这样的交往就没意思了。如果在人际关系中处处要赢得一个"理"，就没有了包容，友谊也很难深入，深入了也很脆弱，有的人一辈子都没有知心好友，也许就是不会"示弱"造成的。

在朋友面前"示弱"并不丢人。我最近开始吃素，很多朋友表示不能理解，好几个朋友摆出一堆科学理论，企图说服我纯吃素非常不健康，基本见一次就说一回，开始我还争几句，希望他们明白吃素的好处，想让他们也跟着来。后来我学乖了，跟朋友讲得那么正经干什么？打个哈哈不就过去了，反正他们也不会跟着我吃素，为什么要让他们跟着我吃素呢？我的内心是为了他们好，他们也是为了我的身体好，观念不同罢了。于是下次见面，我就装作愁苦的样子表明：是医生建议我吃素一段时间的，过一阵就能吃肉了。这下子他们倒理解了，也不劝我吃肉了，反倒劝我要忍住。

学会“示弱”，别跟朋友处处讲理，友谊跟爱情一样，也会因为各种小龃龉消耗殆尽。两个人之所以能成为朋友，不一定要思维、理念处处相同，只要心灵上相互吸引即可。朋友之间，应该多一些关心、爱护，而不是相互做人生导师，一定要一起达到某个境界，否则这样就太功利了。

跟不讲理的人讲理，是自讨苦吃

『牛无力拖横耙，人无理讲横话。

——佚名』

有句话是这么说的：宁和明白人打一架，不和糊涂人说句话。跟不讲理的人讲道理，是自我折磨，不要妄想成功，结局肯定失败，并且会败得很气闷，情绪会受到影响，时间和精力也被浪费了，于是自己的生活节奏也被打乱了。最终造成的损失，不仅是道理没讲明白，还让不讲理的人洋洋自得了一把，更重要的还是严重影响了自己的生活。

为什么会败得很气闷呢？不讲理的人永远有一套自己的“歪理邪说”，根本接收不了外界的讯息，他们的思想建构粗糙但坚实，总结起来是受的教育不够，不单指教育知识——实际上不讲理的人里面有许多高学历人士，更重要的是他们为人处世的理念思维不健全，缺乏正确的思想纹理。通俗一点地说，跟不讲理的人讲道理，他们擅长将你的思维水平拉到和他一样低，然后用丰富的经验打败你。

跟这样的人打交道，没必要太客气，做好先礼后兵的思想准备，开始客气一点，然后跟他们讲道理——把道理说通——使之认识到错误的念头放到一边，眼下的重点是事情理清楚，通过各种方法让自己少吃亏，最后尽快离这种不讲理的人远远的。不讲理的人大多浅薄好战，我们想说的道理被他们一再否定，想必大家心里都不好受，如此是极易发展成争吵的，甚至还有可能发生肢体冲突。走到这一步，实在没必要，所以何必想着用“道理”感化不讲理的人呢？

在现实生活中，对不讲理的人，言辞可以犀利一点，手段可以灵活一点，拿出气势压倒对方。最近我组织一批朋友在小区里打篮球，都是中年人，自然不可能正儿八经地打比赛，大家都是随便玩玩，轻微活动一下。刚投了几个篮，一个满口方言的中老年妇女走了过来，对我们说："你们不能在这里打篮球，这块地方我们占了的。"接着就是一连串的抱怨与咒骂。要是平时，我还能好好跟她说话，但她的态度彻底惹火了我，可还是压着怒气对她说："为什么不能在这里打篮球？你买了这块地方吗？"

妇女口气很不好气地说："我们占了这块地方跳广场舞，你们不能用！"我一看时间，才下午四点，离大妈们跳广场舞的时间还远着呢！凭什么赶人！我更生气了，说："不是这个道理，先来后到，我们今天先来就打篮球了，小区是公共地方，凭什么只有你们能用？"妇女眼睛一横："我们在这里跳了半年了，要来也是我们先来。"朋友们纷纷围过来劝我算了，我却不想就这么算了，稍微放柔了语气说："你们人还没到，我们打完了可能你们都还没开始，为什么要现在就让？"妇女一声冷笑，说："我们跳舞是政府都支持的，我们随时都可能开始跳，你们在这里会妨碍到我们。"

我一看说不通了，心里面反而平静了，对她说："好啊，政府支持，就叫政府把这块地划给你，划给你了，我们永远不踏入一步。但现在我是小区的业主，你们跳舞的全体成员都是住在这里吗？不住这里的人，就无权使用。至于现在，你要赶我们是不可能的，要不你就把物业叫过来，把这件事解决一下。"

最后，这位妇女骂骂咧咧地走了。我知道，这群跳舞的大妈战斗力极强，平时是没人敢这么跟她们争执的，仗着年纪比较大又凶悍，怎么蛮横也有人让，要跟她们讲清楚道理，或者使用其他手段，都没有用，对付这种不讲理的人，最好的办法就是——比她们更强势、更不讲理。

对！对付不讲理的人，终极手段就是——不讲理，以彼之道还施彼身，一步也不让，道理先放一边。不讲理的人之所以会养成这种习性，就是因为在日常生活中，一些"包子"对他们无尽地容忍，让他们的气焰更嚣张，所以他们不讲理的对象也只能是软弱可欺的受气包。当他们对你不讲理的时候，实际上也是在一再试探，查探是否能够得逞，当你态度果断、严肃的时候，他们内心就会明白——这个人不好欺负。

道理只说给懂的人听，遇到不讲理的人，当任何办法都行不通时，还有最后一条路——退出，把他一个人晾在那儿。诚然这个方法可能会造成一些坏结果，可是总比待在那里，没有任何进展，还让自己心里憋屈好得多。

太讲理，其实是在跟自己“过不去”

『情是圆的，理是方的。

——佚名』

人要坚持原则，但不可太坚持原则，对别人是这样，对自己也应该是这样。世界有各种规则，不是每一条规则都能符合每个人的每一项原则的。

太讲理，是跟自己“过不去”，生活中应该少一些计较，计较太多了，别人不好办，自己也难受，古人早就说过“难得糊涂”，糊涂并非放弃底线，而是指有时候不要太较真。越保守的人越爱坚持道理，不肯越过自己的心墙，结果变成固执，自己反被黏住了，得不到解脱。君子处世是练达的，该变通就变通，不计较无谓的“道理”，算计越少，烦恼就越少了。

人情练达，遇事要具体分析，马虎一点其实可以避免走进“死胡同”。人不要一条道路走到黑，一个死理认到底，太爱“讲道理”，在为人方面是禁锢自己，在处世方面上是隔绝人缘，人要坚信一点，那就是天下没有解决不了的问题，懂得转弯就行了。

首先从心理上，要理解一点：凡事都拥有多面，每个人是不同的个体，自己坚持的不一定是真理。他人有不同意见时，也许不是对的，但也不一定是错的，总有一部分道理是可以采纳的。过于较真的人，常常会因为太过于激动，说话不达意，尤其在一些“不能得罪”的人面前，即便耗掉他们的耐心，到头来达不到目的，还影响了自己的前途。即使是平常的人际交往，甚至是在亲人、爱人、朋友面前，如果太注重“道理”的灌输，常常会忽略表达的方式，结果往往是达不到理想的效果，也折损了人与人之间的感情。

有了良好的心态，待人接物才不会因为认死理而出偏差。太爱讲道理的人，三观往往非黑即白，很难接受灰色地带。其实在现在社会中，很少有绝对的黑与白、对和错，懂得变通很重要。“原则”这东西，是用来应付一般状况的，做人只要保持底线，不做伤天害理之事，其他时候应当像水一样顺应时势，在变化中求生存、求发展。

萧文是一家茶叶公司的销售总监，手下有一名业务员，叫王明，他做起事来认真努力，但有时候过于认死理，常常会得罪人，非得让萧文来替他收拾烂摊子不可。

公司这几年的发展很快，经销商迅速增多，人一多，素质良莠不齐，就容易出乱子，加上一般经销商的“地头”势力比较大，一些经销商为了获得更多的利益，开始违背茶叶公司规矩，采取了一些“非常手段”的经营，对公司品牌造成了一定的影响。

业务员王明一直都非常介意这些事。有一次他收到消息，说是有几个非法经销商没有得到产品授权，也开始宣传销售，王明马上上报给萧文，萧文让他去处理，并叮嘱“一定要注意方式”。

王明找到那些非法经销商表明了身份，要求他们立即终止经营，但这些经销商却说是合法渠道的进货，并无过错。一来二去，扯出了李老板，他是茶叶公司在A市最大的经销商，算是大客户了，这几个非法经销商表明就是从他那里进的货。

王明觉得自己“占了理”，在没有通知萧文的情况下，理直气壮地找到李老板，措辞严厉地要求他立即停止对非法经销商的供货，并表示已发的货要及时收回，否则“后果自负”。回到公司，他写了一份报告，要求公司严肃处罚李老板的“违反规定”。

谁知道，他这边报告还没交上去，李老板就打电话给萧文发脾气了，表示：“茶叶牌子那么多，我也不一定要做你们公司的，那么从今天开始，A市你们是不要进来了，我上面、下面都有关系。”

萧文急得嘴角都说出疮来了，才安抚好了李老板，这边王明过来交报告，自然是被大骂一顿：“你说话会不会拐弯？这么做的又不是李老板一个，已经发生还追究什么，晓以利害，说服他以后不这样就算了，你有什么资格批评与教育我们的大客户？”王明很不服气地说：“怎么能不追究呢？这严重损害了公司品牌和部门的利益，违反规定就是错了啊？”萧文一拍额头：“你怎么这么认死理呢？得罪了他，我们的损失更大！我觉得你的个性实在难以扭转，可以考虑转行了。”

没有规矩，不成方圆，但像王明这样，在处理实际问题的时候“太讲理”，不仅得罪了别人，也为难了自己。无论是在职场还是生活中，做人一定要善于变通，才能在应对问题和人际交往上做到游刃有余，更好地去解决问题，获得结果。

做人要学会“四两拨千斤”，而不是“鸡蛋碰石头”，前者是智慧，后者是执拗。许多人初入社会，缺乏经验，或者是在社会多年，还是对为人处世一窍不通，这两种人总是以为自己凭着一腔激情，秉持着“正义道理”，自己就无所不能。其实很多事都有其他解决办法，以柔克刚才显智慧深远。

智慧之人不会争一时之长短，愚蠢的人常为断是非而断了后路。生活和工作中有不少场合，不需要我们去较真。避开锋芒，或许矛盾能够迎刃而解，只有这样的人，才能活得潇洒大气。

太执拗的人，执着于“理”，有时候就是在和世间规则对着干，这只会给自己徒增烦恼。所以为人处世上不要认死理，自然就不会在行动上过分蛮横、在言语上大讲道理，如此才能，放自己一马，减少无谓的思量，感受到更多的快乐，人生也会过得幸福一点。

每个人立场不同，没有绝对的对与错

『最好的朋友是那种不喜欢多说，能与你默默相对而又息息相通的人。

——高尔基』

读大学的时候，我是学校辩论队的辩手，所在院系常常举办一些辩论赛。这些辩论赛的辩题涉及各个方面：社会、经济、政治、历史等，共同点是论点都是开放式的，只要提出的论证有条有理并为辩论双方所持的论点服务，都是允许的，辩论的结果考验的也不是论点所反映的价值观是否正确，而是辩手的辩论功力。打个不恰当的比方——西瓜是方形的，这个论点有悖常理，但如果所持这个论点的一队辩论能力强，赢了比赛也是很正常的。

辩论赛求输赢，自然要为自己的论点据理力争，可最终目的还是竞技，所以提出的论证都是冷静的、客观的，但在现实生活中，其一是没有这么多事情需要分出输赢，其二是在辩论中，只有部分人能保持冷静客观，多半都是用激进的态度、自以为正确的观点，紧盯着对方错的部分，期望把对方驳得哑口无言。而且，辩论赛毕竟是一场虚拟辩论，输了论点的一队自然就会接受失败，赢了的也是“友谊第一，比赛第二”，可在日常中我发现，几乎很少有人能够坦然承认：我错了。

生活终究不是辩论赛，如果生活能像辩论赛一样，任何事都没有绝对的对与错，只是立场问题，那么许多人看待事情会平和许多。总想事事争个对错输赢，造成了一部分人喜欢计较、理论的恶习，争到面红耳赤，甚至大打出手，最后却忘了原本在争论什么，也许根本就是一些不值得的芝麻小事。如果对朋友这样，是心胸狭窄；

对领导这样，是目光短浅；对同事这样，是小肚鸡肠；对陌生人这样，是没有教养。再比如，夫妻双方过日子，一争执就说性格不合、八字不配，吵吵闹闹要散伙，其实很多时候，只是因为一方或双方爱讲道理、争对错惹的祸。

我们到底在争什么？不争会失去什么？争赢了会得到什么？只为心理上的那一点点满足感，让自己慢慢变成孤家寡人，划算吗？

热爱生活的人会给自己创造一个“不争的世界”。我就认识这么一位朋友，他的经历比较特别，早年间就带着一群人开发了几个软件，到今天还在为他盈利，所以他的日子过得相当闲适，也许这在一定程度上造就了他的个性。在堵车的途中，我常常会情绪浮躁，甚至和别人起摩擦，但我从来没见过他着急，堵车了就听音乐、看书、聊天，起了纠纷先把实际的问题解决——擦到了吗？没擦到就不要浪费时间了，走吧。从不和别人争论谁对谁错，谁开车不会出错，谁的责任，他说：“费那个劲干嘛？谁对谁错不重要，又没有实际损伤，教育别人一顿该怎么开车？努力证明自己很会开车，责任全在他？没必要，其实很多时候，和别人理论，就是想发发脾气。”他说得对，很多时候我们和别人争论，最后想要的结果已经发生了变化——就是想批评别人是错的，证明自己是对的，情绪上得到满足。

很多人因为小事大讲道理，甚至发展到争吵，就是因为总想辩论出个对与错。哪怕在夫妻、亲人之间，也不肯相让一步，于是公说公有理，婆说婆委屈，争到面红目赤、鸡犬不宁，甚至一拍两散、反目成仇，最后也辩不出个谁对谁错。其实，这世界上本没有绝对的对与错，对和错都是主观印象，每个人的立场不同、出发点不同、三观不同，同一件事，可以从这个角度看，也可以从截然不同的反面看，上看下看、前看后看、横看竖看、左看右看都没问题，得出来的结论自然是各不相同。

无论是对待亲人、爱人还是朋友，如果不能站在对方的角度和立场去想问题，我想对方失望也是难免的。对待陌生人、不在乎的人，有的问题说不清，却也无关紧要，何必做无谓的争执？

从功利的角度出发，成功人士都懂得沟通的重要性，沟通是评定情商极重要的一部分，一个会沟通的人，无论是在事业上还是生活上，会得到很多益处，可帮助其获得成功。做人要有同理心，需懂得认同别人，要站在别人的立场上想问题，沟通中没有对与错，只是立场不同而已，抓住了这一点，沟通其实就成功了大半。

生活中也好，职场中也罢，人生中很多事没有绝对的对与错，不断分辨、争辩出来的结果，有时候换个立场，结果就会完全颠覆。所以请收起“真理在我手中”的心理，要知道每个人都是独立的个体，无论他人的观点与我们差异多么巨大，并且这个观点的意图有多么不好，其实又有什么关系呢？

很多事情我们可以选择不认同、不履行，又或者部分吸纳，只要理解“没有绝对的对与错”，就不难做到这一点。人真正的力量不在于控制别人，而在于自我控制。当你被别人的差异观点干扰，并希望通过批判别人达成“共识”，这个时候其实已经被别人控制了，浪费的是自己的生命。如若有着一颗“求同存异”的心，反而能够专注于自己的世界，掌握人生的目标、力量和喜悦。

生活不是战场和法庭，少讲理反而会更幸福

『宽容意味着尊重别人的任何信念。

——爱因斯坦』

其实生活就是不讲道理，你跟生活太讲道理，生活就会变成一团乱麻。以家庭生活为例，当然，我们生活的一大部分也就是家庭生活。我身边有太多吵架、分手的例子，细细了解每一个家庭后发现，也真的没什么大事情。毕竟“百年修得同船渡，千年修得共枕眠”，两个人能够结合在一起，需要多大的缘分？但世上没有两片完全相同的树叶，也不会有两个完全相同的人。既然不相同，自然有分歧，所以人们也说：相爱容易相处难。

没有组成家庭之前，两个人就是完全的陌生人，相互都不熟悉，即使凭着一时的热情，顺利地度过了磨合期，但是双方都相互影响了，其实还是有差异的，于是一来到平淡期，这个差异双方都不容忍了，就会开始出现计较，一计较自然会出现摩擦。

其实说到底还是一个容忍的问题，热恋的时候能够忍，为什么一结婚就不能忍了？这里说到的“忍”，是指糊涂一点、包容一点，相处就是这样，一个人不可能完全顺从另一个人，一个人也不可能完全改变另一个人，这与感情无关，只有糊涂和包容才是过好日子的关键。

在家庭生活中，如果男人一回来就拉长着脸，冷言冷语，女人不看风向的话，还一个劲儿地问这个月奖金多少，指责男人早上脏衣服又没放到指定地点，结果肯

定是吵架。女人有她的道理：男人该养家；脏衣服要收拾好。虽然如此，但谁能没有情绪？男人的情绪一般都是压抑的，回到家才能稍稍流露出来，也想放松一下。可能当天工作不顺，回到家女人没有抚慰，还抛过来一堆质问、指责的话，道理上虽没错，感情却被磨损了。女人这时候最需要糊涂、包容，不计较小事，不过问坏事，尽量引导男人情绪，而不是火上浇油。

生活不是法庭，不需要那么多计较，一计较就会计较出许多规则、道理，你说我"完全没道理"，我说你"不讲道理"，究竟这个"道理"具体是什么意思？无非就是在计较"不理解"的问题。这很好办，不理解就沟通，谈到内心最深处，看看他（她）到底想要什么。比如女人撒娇，撒过头了就变成无理取闹，说白了就是缺乏安全感，如果伴侣能从她缺乏的一方面补足，这个女人智慧、理性的特质自然就会出现。

家是生活的地方，这个地方是私密的，也是感性的，父母、兄弟姐妹、伴侣以及孩子，每个成员都应该感受到放松，而不是需要每天讲道理，遵守三大纪律，八项注意。家庭以外的生活，有许多尔虞我诈，回归家庭生活，就应该回归真我，这个时候只需要放松一点，少一些计较，自己不累心，亲人也会不累心。

有了摩擦和争吵，和亲人拼命地争执，总觉得自己站在道理上，总是想说服对方来服从，殊不知情绪一加温，也许就到了沸点，真的很难控制住自己说什么。如果说了伤人的话，一旦真的伤到对方，事情就很有可能偏离了最初争吵的轨道，有些感觉就收不回来了。这个时候，什么道理，什么输赢，都已经没有了意义。争到上峰又如何？往往导致的结果是失去珍贵的亲情。

生活本来就是个客观存在的东西，它不会因为一个人的标准而定义，所以生活也不需要被个人的"道理"所指挥。何况很多时候，道理不过是"脾气"的承载，每个人的习惯不同，不同的习惯发生碰撞时，需要情绪上的发泄，于是说出一些道理让这种发泄更加"名正言顺"，仅此而已。

过好自己的日子，多想与人相处的愉快，不要再去盯着别人的对与错，也不要纠结自己的对与错，把日子过下去才是关键，不是什么原则性问题，就不值得用感情和心情做代价。也不要给自己定标准，比如吵架就是男的要先让步，家务就是应该女的去做，小辈就是要无条件服从长辈，朋友之间就要相互竞争。所以无论是和别人相处，还是处理自己的具体事务，方式方法有很多种，和谐就是最好的。

家里不需要过于侧重讲道理，生活更没有固定式，少一些比较，少一些道理，多关注于生活本身，不要去想“是怎么样就该怎么样”，要保持着“是怎么样就怎么样”。人生充满了变数，太多事都没有规则，让一切顺其自然，比较容易获得幸福。

Chapter 3

家是暖心的安乐港湾，少讲理多欣赏，少较真多体谅

说到家庭的经营，有个比喻说得特别形象：当家庭开始的时候，那只是一个空盒子。走到一起的两个人，一定要养成一个习惯，去给去爱，彼此欣赏。日后，那空盒子才会丰富起来。家庭的经营就像银行的户头，我们存储得越多，幸福的存款会越多。爱与宽容是存入，而恨与争吵是支出。家庭的不幸往往在于，我们自以为爱存储足够多，只是一味取款，最终却遗憾地发现，幸福已经透支。想要家庭的存款足够多，一定要明白家里是暖心、舒心而不是烦心的地方，是避风港湾，是安乐窝。一定要好好维护它。怎么维护？少讲理，多欣赏别人；少较真，多体谅别人。

“家和万事兴”靠的是体谅而不是较真

『温和的语言，是善良人家庭中绝不可缺少的。

——印《摩奴法典》』

幸福是每个人都追求的，家庭和睦是其中的一个重要指标，有了和睦，就有了家的温暖与祥和，家庭幸福了，人生中的其他许多事务也会顺利进行，这就是所谓的“家和万事兴”。许多人都知道这句话，但是却很少有人真正理解、坚信、执行这句话。

我有个朋友，他早已成家，作为一家之主，他的治家原则就是“家和万事兴”。他结过两次婚，和前妻在一起的时候，是20世纪90年代。当时他在一家国营水泥厂工作，随着时代发展，工厂效益越来越差，于是他开始“下海”开早点铺。早点铺的生意非常好，按理说，那个年代做生意的都该发大财，可是他却没有。

原因就在于他的家里很不“安稳”，所谓的不安稳，就是他前妻经常跟他父母闹矛盾。当时他们一家住在一个巷子里的小二层，住房条件还不错，但是前妻比较骄纵，父母比较老派，同在一个屋檐下，时常发生摩擦。早点铺开起来之后，因为工作时间比较不正常，搞得家中的气氛更紧张了，婆媳经常吵架，我朋友做什么都没了心思。

所以，即使生意很好，他还是草草结束了早点铺，带着妻子远离了城区，在城郊租了一套房子，找了一个业务类的工作。那段时间他非常累，大部分精力都花在路上，披星戴月地出门跑业务。可是一回家，前妻也不消停，离开了老人家，什么家务都要自己做，常常找茬儿。另一方面，父母也常常抱怨儿子离家太远，娶了媳妇忘了娘。

一时之间，我的朋友压力太大，下定决心离了婚。离婚之后，他搬回家里，好几年都不敢触碰婚姻，一门心思开了家小饭馆。当小饭馆终于开始挣了点钱时，他也禁不住父母催促，找了个比他还大两岁的“老姑娘”。

当然，他现在十分庆幸娶了这一位贤妻。结婚之后，妻子把家中样样事情安排得井井有条，和公婆相处十分融洽，他一时之间卸下了许多重担，有更多的精力做生意，一年之内小饭馆就迅速发展，扩大了规模。

这么多年过去了，小饭馆已经在本城开了四家分店，他也成为了“小富阶层”。通过两次婚姻，他明白了一个很重要的道理，想成功，就要先把“家”中的事务理清楚。家庭不和睦，人生注定失败。所以，他在家里秉持“以和为贵”的原则，即使偶尔出现小矛盾，他也会抽空儿及时解决，尽量不累积怨恨，每一方都尽力安抚好。

家庭幸福在于气氛和谐，气氛和谐在于成员之间的和睦相处，和睦来自于相互尊重。家庭的内部矛盾大多是因为琐事引起的，没有什么大是大非可讲，讲也讲不出道理，矛盾双方自然都是各说各有理。

所以也没必要花太多的精力讲道理、论对错，无论是夫妻、婆媳、父子……家庭中的每一种关系，相处中都应该多点和谐。比如子女和父母虽是血脉至亲，相处也要讲究方法，子女成年后有责任照顾父母，在条件允许并且在父母愿意的情况下，可以选择和父母同住，条件不允许或者父母不情愿，就不要强求。最不和谐的情况是，因为一些小矛盾，中途与父母分家，非常伤感情，还不如最开始就不要住在一起。

分家另过没有解决根本的问题，反而是在逃避问题，更有可能激化矛盾，不如把话说开，把具体问题一个个地解决了，再考虑分开住的问题。同理，在育儿方面，也要多一些宽容，不要“持爱行凶”，以爱孩子的名义毁掉孩子的思想，比如小孩子的一些错误和缺点，要善于发现，客观分析，正确引导。

有一个关于家庭相处的小故事：有两户人家，一家争吵不断，另一家和睦幸福。于是常吵架那一家的女主人去向其请教，不吵架那一家的女人笑着说：“我家人都比较坏，所以不吵架。”常吵架的那一家女主人有点生气，觉得她在开玩笑。有一天，常吵架的那一家女主人看到邻居家的小孩打翻了地上的干菜篮，向大人主动认错之后，大人们也开始检讨自己，妈妈说是自己没有看顾好小孩，奶奶说是自己没有摆好干菜蓝，爸爸说早就应该做个钩子把菜篮钩在屋檐下。每个人都在给自己找失误的地方，没有人推脱，大家都是“坏人”，都应该承担一部分责任。常吵架那一家的女主人终于明白了。

在家庭生活中，应少些辩论，少讲大道理，多些关爱。但是很多人不能正确理解“家”的含义，把搞科研、搞算计等的工作、社会习惯带到家庭中，以这样的方式对待家人，自然营造不了和谐的家庭氛围，天天生活在一起的人，如果事事都要计较，那每一分钟都有理由争吵。

生活的大家庭中，多谅解，多理解，自然就会多一些爱、多一些幸福。虽然是在同一个屋檐下生活，但每个人的心理都是不同的，所以一个家庭不会在朝夕之间就变得非常和谐，家庭也需要磨合，磨合都会有一个过程，古人常说“成家立业”，也有这个意思：先把家庭建立好了、磨合好了，再去考虑别的。如果家无宁日，个人的快乐和成功也就无从谈起，作为家庭的一份子，每个人都应该多一些责任感，为家庭的和睦献上一份心力。

“妻管严”男人的幸福秘密武器

『家庭是爱的港湾，理解是爱的基石，包容是爱的表现，幸福是爱的果实。

——佚名』

朋友老高家有悍妻，大家经常笑称他是个“妻管严”。但这么多年过去了，身边的人吵的吵、散的散，只有老高和他老婆越过越有滋味，感情好，事业好，也把孩子教育得好，两方家庭更是亲如一家。大伙儿有时候起哄向老高取经，老高都笑着说：“我就是个‘妻管严’，什么都听老婆的。”

只有我们这些老朋友明白，高夫人虽然在外有“悍妻”的名声，但并不是泼辣、暴躁的人，只是个性比较鲜明，管事比较多。老高选了她当老婆，当然自有把握，平时小事随便她管，大事两人一起商量，少计较、少争执，“妻管严”其实是包容和体贴。

老高也曾经厌烦过，故意和高夫人“唱反调”，可几个月下来，身体差了，生活乱了，生意黄了，才发觉高夫人的“管”，其实也是一种包容和体贴，有哪个女人愿意以“悍”闻名呢？还不是为了这个家。

从心理学层面上讲，男人和女人的性格本身就不同，男人天生强势一点，女人天生忍让一点，所以男人的一点忍让就可以杜绝“大男人主义”，女人的一点强势反倒可以抵消“恃宠而骄”。如果双方都要极致发挥“性别个性”，家庭和睦就很难了，必然需要一方改变一下，很多“妻管严”的男人，就是意识到了男女的个性差异，并且能主动欣赏女性的优点，以家庭和睦大局为重，这样的男人，不仅是心胸宽广，而且具有大智慧。

俗话说“妻严夫祸少”，因此像老高那样的人，并不是真正的“惧内”（怕老婆），而是一种大智若愚，是对伴侣深沉的爱。他们从不把持可笑的“自尊”，而是享受并珍惜家庭，不计较谁长谁短，让日子像流水一样过下去。

随着时代的变迁，男女地位逐渐变得相对平等，许多人的观念发生了变化，对伴侣尊重也并不是“没本事男人”的专利，那些事业上成功的男士，反倒素质更高，从内心深处懂得尊重女性。怕老婆实质上是对老婆的另一种关爱方式，在家里怕老婆生气，所以不与老婆争执，乖乖地听老婆的“差遣”，怕老婆一个人孤单，平时再忙，也尽量抽空陪老婆看电影、吃饭、逛街……

现在的女人们都认为“三从四德”的丈夫最值得拥有，谁要是有这样的丈夫，就会成为女伴们羡慕的对象。比如我的一个女同事，家里条件比较好，从小也是父母疼惜着长大的，追她的男人数不胜数，但经过长期考察，能够真心爱护她的人却不多，按她的话说——连我的性格都不能包容的男人，还说爱我？但是她终于遇到了一个能够真正包容、理解、体贴，受得住脾气也很少发脾气的男人，于是安心地把自己交了出去，这就是她现在的丈夫。神奇的是，结婚之后，这位女同事受丈夫的影响，脾气奇迹般地收敛了不少。

对男士们来说，“妻管严”其实并没有那么难做，主要是性格上的包容，就我的经验来说：女人发脾气的时候千万不要不理睬，你自以为的冷处理，在她眼中就是冷漠，但女人发火的时候，你一定要冷静，不可以跟着发火，唱对台戏。女人心情糟糕的时候，转移话题，甚至只要抱抱她，千万不要去与她理论。

对女人们来说，“妻管严”这个“管”，也要把握好度，成年大男人，不可能整天围着女人转，另外，每个人都有自己的个性，偶尔让他们“大男子主义”一下也无妨。如果只要求男方一味地忍让、包容，别人自然会羡慕，但久而久之，七尺男儿养成懦弱的性格，不仅怕老婆，工作或是交友中也畏畏缩缩，就会缺乏自信，这是在摧毁他们的人格。我也见过一些家庭，表面看来妻子掌握大权，背后却暗潮涌动，丈夫在这个家庭中最终丧失了进取心，在外有了别的算计。

“妻管严”只要运用得当，就是调节夫妻关系的润滑剂，两个人有商有量，大事、小事分开拿主意。开启这个法宝的主动权就在男人手中，先“屈服”才会幸福，这个屈服也不算“丧权辱国”，为爱的人改变，对爱的人包容，不对爱的人讲啰嗦、执拗的道理，这本身就是一种幸福了。男人们，请放下一点大男人主义，少计较，多体贴，做一个快乐的“妻管严”吧！

时刻算计男人的私房钱，也许有理但不可取

『你信任人，人才对你忠实。

——爱默生』

相处中少计较，是婚姻幸福的首要法则，这里的计较，除了情绪、心理上的，还包括各个方面。在家庭主妇掌握财政大权的当今社会，越来越多的男人开始攒私房钱，这种小心翼翼的偷摸行为，看起来是名不正言不顺的，但归根究底，还是出于对妻子的尊重。

私房钱和家用钱不同，是男人私人可支配的，男人有了它，就有了面子和底气，甚至是尊严和快乐。试想，一个男人已经把大部分所得贡献给了家庭，因为妻子卡得太紧，只能悄悄留下了一小部分给自己支配，出门在外，哪里不需要钱呢？妻子给的“零用钱”，总有不够的时候，特别是一些不好透露的地方，私房钱就派上大用场了。比如孝敬父母、资助朋友、兴趣爱好、投资理财等，这些都需要钱。但准备去做这些事时，总会有不方便与妻子沟通、沟通也不见得有效果的时候，就只有一个途径可以解决——挪用私房钱。

无可否认，现代女人的地位提高了，家庭的财政大权落在了她们的一双纤手中，这对男人来说是省事，有时候却有点耽误事。于是乎，男人们为了在朋友面前够义气，在父母面前够孝顺，在儿女面前够慷慨，也只好偷偷地存起私房钱来。

现如今越来越多的银行提供“隐私账户”的服务，保密性极高，普通银行柜员和存款人家庭成员也不能查询，没有银行卡和存折，只有一张IC卡，无论在

ATM、POS、短信、电话银行、网上银行，甚至是一般的银行网点柜台，都不能“一窥究竟”。只有持有人到银行的分行营业部，通过授权的银行柜员才能协助查询。

根据调查显示，这项服务最多的受众，反倒不是商务人士，最多的是已婚男士用来存私房钱。据我了解的一些情况，男人们普遍认为抓得太紧的妻子“不讨喜”。我有个朋友，妻子每月只给他100元零花钱，开始他觉得“苦中有乐”，是因为与妻子新婚燕尔，爱情压倒了许多感受，还在乎她的情绪，也理解她的这种关心。时间一长，我这个朋友觉得非常没有尊严，大吵小吵不断，日子过得很没滋味。

男人肩上的压力很重，社会角色很多，社会往来也多，没有钱傍身，根本无法行走。在不想影响夫妻感情的情况下，藏私房钱的方法也多种多样，这也就不难理解“隐私账户”受他们欢迎了，除了这种高端的“藏匿”方式，原始一点的，还有藏在相框、皮鞋、字典……

世事变化真快，古代的时候，是女人攒私房钱，现在轮到“男人大丈夫”来偷偷摸摸了。这是进步还是退步，这里且不去讨论，我们平凡人最关注的，无非是自己小家那一亩三分地的事，就说说怎么看待这个“私房钱”，怎么让“私房钱”不伤和气，不影响夫妻感情，反而起到调节、润滑的作用呢？

其实最关键的，还是需要女人“睁一只眼闭一只眼”，从探究男人藏私房钱的心理，再从内心深处理解他们这种行为，最后认同他们这种行为：第一保证家庭生活质量的前提下，第二估计金额上没有“太过线”，第三侧面了解钱用在正途上，就不要戳破那层窗户纸。

时刻算计，不仅折损了夫妻感情，也占用了自己的时间。女人结婚后，不一定非得整天围着老公孩子转，总得有一些自己的生活，这对双方都是有好处的。

太过计较，还会错过许多“美丽的风景”。聪明的女人，丈夫到底有没有私房钱，心如明镜，只是揣着明白装糊涂。我的姐姐就跟我说起过，姐夫有私房钱简直是“半公开的秘密”了，全家人都知道，不能用“藏”只能用“攒”来形容，但谁也没打算说破。结婚后，姐夫就把工资卡给了姐姐，每月只拿1000元零花钱，1000元不够，就鼓励着姐夫在工作上更努力，私活所得和单位奖金，自己留下一部分。每当姐姐的生日或特别的日子，姐夫都会以“老婆平时工作忙，没时间陪你，这个做补偿”的理由，给姐姐送一份大礼，姐姐收到后，自然不会大吵大闹问“钱是哪儿来的”，彼此心照不宣，还调剂了老夫老妻的平淡生活。

聪明女人只会细致观察男人的心，而不会细细揪住男人的钱。私房钱说严重一点，就是信任问题，女人手松一松，男人就会有被理解、尊重、信任的感觉。

所以女人自己也要调整好心态，有的女人抓太紧，也许是因为“经济地位”的问题，觉得自己赚得比较少，不安全作祟，更要独占经济大权。其实有缘分成为夫妻，不管各自挣钱多少，在家庭中的比重都是相等的，不应存在谁依附谁、谁领导谁、谁轻谁重的问题；有的女人思维错误，以为掌握财政大权，就等于控制了丈夫的经济命脉，而后就控制了丈夫的一切，他就不会出去“鬼混”了。其实能控制男人的只有感情，假如他完全不在乎你，抓得再紧，他也会有千百种方法去“鬼混”，现实一点来说，他们也会被利益控制，但是如果他完全对妻子没有感情，还对他过分干涉，他们也会出去“鬼混”，区别只是在于遮不遮掩。

夫妻之间需要空间和信任。多给身边的男人一点空间，不要去计较男人那一点私房钱；多给身边的男人一点信任，他们存私房钱，不一定是用来做坏事。夫妻之间为了一点小钱猜忌、掩盖、埋伏，就不是过日子，而是谍战片了，妻子胜利了又怎么样？如此，即便妻子在家庭中再有权威，这种权威也不会带来快乐和幸福。

夫妻吵架后，不计较反而先认错的人最聪明

『示弱而不逞强，示拙而不逞能。

——佚名』

夫妻吵架，大多数的结果是吵完后冷战，因为一般都没有“结果”。冷战也还不错，更悲剧的结果是在吵架后，双方依旧在讲道理，表面上冷静的样子，只是想把自己的观点讲清楚，证明自己不是无理取闹，说着说着，又会筹划新的观点驳倒对方，于是结果是火上浇油，不免又是一场大吵。吵了又吵，夫妻关系短时间内受到两次攻击，再坚固也会出现裂缝的。

请给感情留点修复的时间。最正确的方法是停止当前事件的辩论，目前最重要的是修补夫妻关系，时间拖长一点，真的会出现无法修补的裂痕，不去辩论，最该做的是道歉，懂得先认错、先道歉的人才是最有智慧的，不要相信一些谬论，如——先认错的人比较在乎对方，都已经结了婚，还在计较谁更在乎谁，生怕在感情上付出得比对方多，怪不得连一些无关原则的道理都不肯退让。

小吵怡情，大吵伤感情，能不吵就不吵，因为谁也无法控制大吵小吵，吵了就马上挽回，幽默是最好的方法。

前几天，我看了一个很有趣的小段子，觉得男主角的手段非常妙。他的妻子在学校那会儿就是校花，被男孩子众星拱月地宠坏了，丈夫也是过五关斩六将才赢得美人芳心。结婚后，妻子还是和谈恋爱的时候一样，有些娇蛮，有些霸道。

有一天，丈夫要出去会朋友，走到半路，妻子不舒服，硬要回家。丈夫平时是

言听计从，这回却来了脾气，不抚慰就算了，还一定要按原计划去会朋友。妻子泪流满面，心想结婚后果然不如结婚前，男人到手了就是不懂珍惜。一赌气，她就一个人回了娘家，而丈夫也没有跟上来追。

第二天，妻子回家拿东西，一开门，就看到鞋柜上贴着一张纸条——这件事你必须向我道歉。妻子的怒火一下就起来了，但还是耐着性子进了卧室，衣柜上又贴着一张——别想收拾东西跑掉。妻子冷笑了一下，心想："哼！你管得着吗？我这次绝不会轻易原谅你。"

妻子清理着桌上的化妆品，发现一瓶精华露上贴着——快去厨房看提示，不然就把它倒掉。妻子好奇心一起，跑到厨房，冰箱上贴着——这次我原谅你了，看在你给我做了那么多好吃的份上。

妻子下意识地弯弯嘴角，心想："你倒是会找台阶下。"正想着，又看到客厅那幅巨大的婚纱照上贴着一页纸，上面写着——做女人每个月都有那么不舒服的几天，我理解，你也不必自责。其实我也要道歉，要不是看到马路对面有个熟人，也不会突然大男人好面子起来，跟你发牛脾气。亲爱的小美人，你在我心中永远是女神，和最初一样。

妻子看到"每个月"的时候忍不住"扑哧"笑出声，笑着笑着看到最后一句，眼眶忍不住红了。刚好这时候门一响，丈夫回家了，转身进门时，妻子在他背上看到了一张纸，上面写了两个大大的字"抱我"。

夫妻争吵，最后总会和解，和解也要注意时机。请学会主动去体察对方的心，即使他（她）是纯粹的情绪发泄，适当忍一忍，不要硬着来。如果争吵是因为一件比较具体的事，两个人的观点有异，吵完了就不要累积怨气，这本来就不是什么了不得的事情，让双方都静一静，然后主动和解。

人在成年之后，离开父母离开家，经过努力打拼，有了自己的小家，伴侣也是亲人，甚至在一起的时间更长，相互需要扶持的地方更多，比亲人还亲。但天天在同一个屋檐下朝夕相处，所谓相见好同住难，肯定是会发生摩擦的，一旦有了争吵，不要计较，不要固执，先认错不代表低一等，让他（她）知道你在乎对方，让他（她）在情感上、心理上占一些优势，又有何不可？多付出的人不一定要高回报，起码自己做到问心无愧，对方其实也会退让。

不懂得及时、主动地和解，最后的结果是造成真正的伤害，而这种伤害本身其实是可以避免的。就算情况再特殊，不能当时和解，也不要拖得太久。比如很多女性争吵后喜欢“离家出走”，这样的情况很容易错过最佳“和解时机”，这个时候男性要善用伎俩，多利用“高科技”，如电话、微信、QQ 来表达自己的歉意……记住，怨气拖得越久，就会越想越气，小事变大事，最后即使强压怒火平静了，也带了“凑合”的情绪。

睡觉前是夫妻和解的最佳时机，人躺在床上自然会不自觉放松，男女都应该主动去和解。感情这件事，建立在相互宽容的基础上，不见得比在擂台上打拳、在棋盘上博弈、在战场上争个你死我活要来得轻松。那是因为在现实生活中，大多数人放不下那点面子，把对方先认错当成了战利品，绝不愿意当先服软的那个人，表面上看是强势，实质上是愚蠢。

其实大多数生活中的争吵，并没有什么大是大非的问题，说得绝对一点——根本就不涉及底线、原则、尊严，可是身处争吵中的人们，受情绪控制，往往会觉得之所以争吵，就是涉及了底线、原则、尊严，所以才有那么多道理可争、可辨。

比如炒菜少放盐还是多放盐，在局外人看来，不过是很小的一件事，再说深一点，顶多是个人的口味问题，但许多争吵中的夫妻，会因为放盐多少而争吵，往往会牵扯出很多事情，放盐多少——家庭、地域习惯——健康观念——做人态度，于是就有很多可吵的了，从养生角度大讲道理，从对方家庭饮食习惯大讲道理，从不注重健康就是做人态度不积极的角度大讲道理……而后慢慢发展成抨击，谁也说服不了谁。

别不信，还真有人因为吃饭的口味问题离了婚的，有时候倒不是习惯不了对方的口味，而是不愿意接纳对方的“道理”。一旦理解了这一点，认清了吵架不过都是些小事，实在也并没有那么多“道理”，先退一步，认个错就没那么困难了。

先认错的人不仅懂得宽容，更明白家和万事兴的道理，这是一种智慧，反向推理一下，又能够跳出来思考，理性看待一些事物，又是另一种智慧，这才是真正“懂道理”的人，这样的人领悟了夫妻相处的真谛，自然有资格享受幸福。

少变脸，爱人才会不变心

『做一个好听众，鼓励别人说说他们自己。

——戴尔·卡耐基』

川剧的变脸艺术是一门国粹，很多人都喜欢观赏，但在婚恋关系中，却没人喜欢看“变脸”，变脸变得太多了，爱人就会变心。说粗俗一点，你养条狗陪着你，即便狗再忠诚，每天对它又打又骂，狗也会跑，同理爱人对你的爱再深，也经不起“变脸”的折磨。现实生活经验告诉我们，很多爱情倘若在暴怒、冷漠、指责中度过，终有一天会消耗殆尽，即使到最后他（她）还深爱你，可为了自己的人生，也会选择离开。

有首歌唱得好：没有一个人非要另一个人才能过一生。首先要理解，没有谁离不开谁，两个人在一起，是因为感情的维系，或者是非典型的利益婚恋，最终目的都是获得快乐的生活。假如一方动辄因为一些小事“变脸”，因为一些莫名其妙的道理指责另一方，在一起的意义就没有了，而此时若有了别的选择，自然会有人改变“航道”，因为为了残留的爱硬撑下去，也只是互相折磨。

我有个花花公子式的朋友，经常换女友，可他的手段是从来不先提分手，害怕担责任、背骂名。有这种心理的男人还不在少数，我也明白，但我不懂的是，要怎么解决上一段，开始下一段呢？他告诉我，就是让女人主动提分手。具体方法很简单——摆臭脸、莫名其妙的抱怨、有事没事就挑刺，再加上让人摸不着头脑的冷漠和偶尔玩消失，这么进行一段时间，很少有人顶得住，一般都会主动离开。

这种刻意的行为，可以很快速地赶走一个人，但假如是真心相爱，又无意识地做出这种行为呢?

结果是一样的，但原始目的肯定不一样，于是常常伴随着悔恨、错过。快乐其实很容易，那就是不苛求别人，所谓苛求，说白了就是过严的要求。过严的要求，没有人愿意接受，即使以爱为胁迫，也只是被迫接受，而不是乐于接受和甘心接受。对伴侣，我们常常忘了他（她）也是有情绪的独立个体，无休止地指责抱怨，并且用两人的关系施加压力，这是一种极其恶劣的精神施暴。

我有个女性朋友，父母去世得比较早，结婚之后，总算又有了一个家。也许正是因为这样，她内心的不安全感特别重，结婚后就不工作了，一心要好好经营这个家。

可能是因为不工作太闲了，又或者是心理因素作祟。结婚前温文尔雅的知性女人，结婚后变得越来越唠叨。刚巧我跟她丈夫也认识，为此没少听他诉苦，特别是随着年龄增长，准备生孩子，经济压力越来越大，这方面的矛盾也越来越多。

这个周末下班回家，他俩又因为取暖费的问题大吵一架。

丈夫下班回来已经很累了，因为是外企，不仅是身累，还有随时减薪甚至裁员的危险，心也累。可是妻子不会看脸色，一脸寒霜地质问："你怎么又回来晚了?暖气费要交了，这个月钱紧，存的钱是绝对不能动的，你最近发奖金没有？"

"现在是淡季，不扣绩效就算好了，还奖金……"

"哼，一个大男人，就知道拿点死工资。你看雯雯的老公，每个月光放贷就一万多，最近又要换车了。"

"我跟雯雯她老公怎么能比，他家里本来就有钱，拿了钱出来放贷的，我倒是也想放，哪来的本钱！再说，民间集资本来就是违法的，好吗？风险也很大啊！"

"跟你结婚，真是事事都要操心！"

"你不满意，完全可以从头开始，我不拖累你！还有，假如你出去工作，咱家的用钱会宽松很多！"

"好哇，开始嫌弃我不工作了。有本事的老公都巴不得老婆不工作，闲吃闲玩就好了。你以为我不工作在家里就很闲，家务事大大小小，不做你还以为不累啊！"

"你累，我更累好不好！你也不是没出去工作过，知道在外面做事有多难，辛苦不说，还要受气。金融危机一发生就几年，随时都有裁员的危险，你知道我的压力有多大吗？整天就知道抱怨、指责！”

丈夫越说越来气，最后把外套一扔，摔门而出，妻子在身后痛哭失声。

事后，女方跟我说，那天是她母亲的生祭，本身就心情不好，又无处排解，只好把烦闷发泄在了男方身上。但她哪里知道，丈夫最近所在的小组人员大变动，许多事情都等着他去处理，心情也不好，两方一碰撞，自然是谁都不肯让一步。

从这里我们发现一个事实，许多的抱怨和指责，都是从缺乏沟通开始的。缺乏必要的沟通，情绪得不到排解，对伴侣也没有体谅，才会动不动就苛求、指责对方。人们常常对陌生人宽容，对亲密的人过分苛求。但一个人的承受能力毕竟有限，一旦压力达到一定程度，再深的爱也抵不过怨恨。也许少数人会消极躲避，但大部分人都会开始反抗，比如离开。

婚姻就是一棵大树，生活就像叶子，抱怨和指责太多，就有了太多片被虫蛀掉的叶子，总有一片会影响大树的生命。想要减少“变脸”，第一步就应该从多沟通开始，沟通是一切的前提，有了沟通，就有了理解；有了理解就有了宽容，这样，就不会让爱人“变心”了。

拒绝隔夜仇，坚持床头吵架床尾和

『每对夫妻中至少有一个是傻子。

——佚名』

每段婚姻在走向终结时，回首往事，一路上或花草鲜美，或落英缤纷，而最初总是令人倾心的。但是，有最美的开始，结局却不一定就注定是最美的。因为婚姻是易碎品，不小心轻放，就可能支离破碎。不仅仅是婚姻本身，就是男女双方本身，在内在和外在的冲突和压力下，都有可能把新生的爱情幼苗扼杀在摇篮里。因为男人和女人分别来自不同的星球，以至于在内在矛盾方面，性别上就有着天生的冲突。

我们看言情剧，尤其是看琼瑶的苦情戏，总会为剧中的男女主角经历了那么多的感情磨难而同苦同悲，同样为有情人终成眷属而倍感温馨，期待自己也有这样的生活。回归现实，有时候感觉常人如果有如此多的感情磨难，大多就放弃了。从恋爱到走进婚姻和建立完美的婚姻关系，这中间需要闯过多少感情的关。一招不慎，感情关系可能立即崩塌，有情人变成仇人，眷属变成怨偶。

有情人之成怨偶，其最大的肇因莫过于爱情以婚姻形式呈现时，我们忘了及时调整身份，没有经营好共同的这个“家”。

家是什么？千人有千种答案，但我相信，每种答案都会有一种共同点，那就是家是最让人放松，卸下所有压力和面具的地方，是我们心灵皈依的净地。

婚姻中的男女，无疑都是有家的，但是家不等于一所房子，而是一对夫妻以幸福为共同目标的情感经营。所以，从这种意义上讲，“结婚”不等于“成家”不无道理，和爱人心生缝隙，形同陌路，就等于把家“拆掉”。要经营好婚姻，无疑要对爱人多一分包容，懂得珍惜和理解对方。

家不是一个讲理的地方，听起来有些绝对，但对夫妻的和谐却是行之有效的。试想一下，当夫妻双方开始各怀一堆面目全非的“真理”据理力争的时候，爱与温情就不在了，即便一方赢得了口舌之争，但最后输掉的是夫妻感情，家里从此就阴霾重重。夫妻关系绝不可与争取个人权益同日而语，对外输掉了可能就输掉了利益，而夫妻关系，聪明的人往往会懂得认输，因为这输掉的只是口舌，赢得的却是夫妻之间的幸福。

著名导演顾长卫和妻子蒋雯丽的相处模式，就是现实当中最懂得化解夫妻矛盾的典范。在外人眼中，他们这种“美女”与“丑男”是不搭调的，但生活中，令人感到意外的是，蒋雯丽是比较忍让的一方。她的观点是：“我们之间发生摩擦时，我总是暂时多忍让点，我觉得丈夫生气会对身体不好，毕竟他是我最亲的人！每次他生气，我都像哄孩子那样哄他。我特别不赞成夫妻之间冷战，生气不要有过夜仇，如果两人经常冷战也就意味着感情逐步变坏了。”

俗话说，时间久了，上嘴唇与下嘴唇也有打架的时候。夫妻相处久了也是如此，再恩爱的夫妻，也会有吵嘴的时候，关键是争吵之后如何处理。夫妻之间本身没有真正的大是大非，没有根本的原则性冲突，小仇小恨根本就没必要过夜，一般来说，都是提倡床头吵架床尾和，不要把问题和仇恨留到第二天。

很多人刚进入婚姻的时候，对婚姻都有着美好的期盼，有人希望从中得到富贵和安稳，有人希望从中得到幸福和爱。有人把婚姻最初的关系比喻成一个空盒子，真是再形象不过了。

对于婚姻的期待，无论哪一种，最开始的时候，它就是一个空盒子，没有人可以不付出就能得到，双方都需要往里面放东西，才能产生化学效应，衍生出满满的幸福。在这个空盒子里，第一个应该放入的就是“珍惜”，双方都珍惜了，自然就衍生出宽容、赞赏、依赖甚至爱。

夫妻是肉体和精神上的合二为一，愿意组建为家庭，这份深沉的爱足以使两人亲如一人。既然是“一人”的概念，人对“自己”还要讲面子、讲道理吗？假如每个人对伴侣都能够“爱如生命”，在人生的岁月中，有困难要共同面对，有快乐一起分享，生活中自然就会少些争吵，多些珍惜。

在婚姻生活中，要懂得“珍惜”二字，有了矛盾就很容易化解，夫妻一方总有一人会积极主动想方设法来化解。聪明的人懂得抓紧时间，在恰当的时机和解，不会让怨恨拖到第二天，影响夫妻恩爱。毕竟，很多时候的吵嘴，也只是情绪上的发泄，如工作不顺心、莫名的烦闷，自己都不知道为什么会来气，中间根本不存在什么“道理”。

两个人在一起，有争吵是正常的，但是争吵过后，如果不去解释和挽回，仇恨即使暂时平息了，也会在心里留下痕迹，堆积得久了就成硬伤了。因此，夫妻间一旦有了争吵，不要等着时间来冲淡，应该两个人一起来积极面对，好好地沟通，这才是不会留下隔膜的最好办法。那种有了问题回避，对爱人实施冷暴力的做法，是破坏夫妻关系的罪魁祸首。只要彼此相互做到：去了解，也要开解；要道歉，也要道谢；要认错，也要改错；要体贴，也要体谅；是接受，不是忍受；是宽容，而不是纵容；是支持，而不是支配；是慰问，而不是质问；是倾诉，而不是控诉；是难忘，而不是遗忘；是彼此交流，而不是凡事交代；是为对方默默祈祷，而不是向对方提诸多要求；可以浪漫，但不要浪费；可以随时牵手，但不要随便分手。只要双方如此做到足够的理解和包容，才能永葆夫妻和睦。

夫妻争吵时，有一种有失明智的做法就是添油加醋、节外生枝，如相互揭短、揭旧伤疤。揭短是一种人格上的侮辱，这样的伤害比刀子更为锋利，并且永远无法修复，即使最后和解了，心里也会留下疙瘩和怨气。争吵之后，短时间内不要再提这件事，过一两个小时，等双方情绪平静了，可以就事论事，双方都要主动让步。

日子就像水流，每个人的人生轨迹都是不同。对于我们普通人来说，不苛求功成名就，但求通过我们的努力，让自己和家人过得更好一些，可如果每天生活在争吵中，就算是大富大贵了，自己和家人也不会快乐。因此，请调节自己的心态，少些浮躁，多些安宁，和爱人一起过好每一天。

花前月下的浪漫如烟花美丽却转瞬即逝，长久的爱情是和爱人简简单单地相依相守，细水长流。牙齿还会不经意咬到舌头，每个人都会有感情冲动的时候，但要记住的是，在婚姻这个“盒子”里，永远不要放入“仇恨”。就像有个故事所提到的“幸福账单”，婚姻中有些行为，是为幸福加分的，有些是减分的，而化解负能量的元素，就是及时注入正能量的元素，这无疑是让你们的幸福宝盒装满的保证。冷战是最伤感情的，即使刚刚大吵一架，也要学会“化干戈为玉帛”，越快结束越好，裂缝也不至于扩大，“白头偕老”的愿景才有可能实现。

不分场合的批评会伤害孩子的自尊

『自尊心是一个膨胀的气球，戳上一针就会发出大风暴来。

——伏尔泰』

父母教育孩子是天经地义的，孩子毕竟年幼，总有犯错的时候，可是有不少父母在批评孩子的时候，没有技巧，不讲究场合，孩子的自尊心就很容易摧毁。在这种情况下，孩子根本就听不进父母的道理，或者说不在乎父母的道理了。孩子无论多小，也有自尊心，也会有所谓的“面子”问题，这属于人的本性，被父母当众批评（甚至羞辱），孩子会觉得不被尊重，形成很深的负面情绪。

这样的批评，不仅达不到批评的效果，也会对孩子心智的形成造成不好的影响，说严重一点，如果给孩子造成一定的心理阴影，甚至会影响他一生。许多父母，不重视孩子的想法，认为孩子就是孩子，即使是生气又能怎么样？听话就好了。有这样想法的人，根本就不尊重孩子，这样的养育方式，和养小猫小狗有什么不同？招之即来挥之即去，高兴了就逗一逗，不高兴就任意打骂。要知道，孩子不是父母的附属品，他也是一个独立的人，他有自己的思想和尊严。

成功的家庭教育来自父母对孩子的深入了解，接受孩子犯错，并对错误做出判断，尊重孩子的意见，加以引导，而不是一味地指责辱骂，甚至当着外人的面严厉责骂。这里要注意一点，亲戚也算是“外人”，当着亲戚的面，可能“羞辱”的意味更强烈。我记得小时候住在一个大院里，院子里有一户人家，常常听到他们骂孩子。在我的印象中，那是个十分漂亮的大姐姐，不知道为什么，总是被她的爸妈责骂。诸如：你怎么那么笨，数学只考了80分！10岁了还不会梳头，你是猪八戒托生的吧！有一次，她家的远房亲戚来了，大概是谈到课外辅导班的问题，只听到男主人大声地嘲讽着自己的女儿："就你这样的还想学跳舞，也不看看自己是不是那块料！"那一次大姐姐终于忍不住了，一边哭喊一边摔东西，结果自然是挨了一顿毒打。时间慢慢过去了很多年，这位大姐姐终究没有和我们一起长大，据说是吸毒而死，她生前的生活十分糜烂。我不明白，这样高压的家庭教育带给她的是什么，我只知道她父母的"批评教育"并没有达到想要的效果。

有的父母批评孩子，并不是因为他有错，而仅仅是因为他"达不到要求"。而这个"要求"的划定者是父母，他们用自以为正确的观念来限定孩子，以自以为正确的道理来教育孩子，当孩子没有达到"要求"时，就开始批评，甚至于当众揭孩子的短，认为此举可以让孩子觉得羞耻，可以刺激他一下，促使他为挽回自尊而下决心改正。

这非常不科学。我一直认为，生孩子也是需要领取执照的，养孩子也是需要学习的。有太多心理不健全的父母，在批评孩子的时候，其实只是拿子女的痛苦来发泄私愤，他们以一种扭曲的方式来消解情绪，并且自以为达到了教育目的，那就是嘲弄孩子的过失。很多的孩子在受到父母的羞辱之后，自尊心轰然倒塌，会产生负罪感并自我贬低，变得自卑、敏感，丧失努力进取的信心，有些脆弱一点的孩子甚至会彻底放弃挽救自己的自尊心，破罐子破摔，而性格倔强一点的，容易产生强烈的对抗情绪和叛逆心理，则会走上歧路，与父母的期望背道而驰。

因为，当孩子的行为表现不能令人满意时，父母首先要反省一下，是不是因为"要求"太严苛了，就算真的犯了大错，也不要劈头盖脸地随意指责孩子，要根据不同年龄孩子的心理特点给予积极引导。批评孩子是一门艺术，批评这门艺术修炼好了，对家庭、对事业都有帮助。

批评应该注意时间，家长应该避免在起床后、睡觉前、就餐时批评孩子。起床后批评孩子，孩子的"起床气"加上被批评的坏心情，会影响他一天的学习和生活；睡觉前批评孩子，会影响孩子的睡眠质量，不利于孩子的生长发育；家长平时工作忙碌，喜欢在吃饭时教育孩子，这样会影响孩子的食欲和消化，一吃饭就条件反射性的忧郁和害怕，也会对身体造成不利影响。当然，更关键的是，父母批评要分场合，不要在公开场合批评孩子，如公共场所、当着朋友的面、当着亲戚的面、当着孩子朋友同学的面。

血缘关系也不能保证感情，感情是长久的相处得来的，所以我们常常会看到不少养子和养父母的关系很好，也常常会看到许多亲生骨肉反目成仇的新闻，对孩子没有技巧的粗暴批评，绝对会影响父母与孩子之间的感情。

千万不要以为“孩子”什么都不懂，他们在儿童时期就已经有思想了，并且他们一直在长大，思考会更多，亲情也是需要经营的，父母对孩子应该有适当的尊重，学会如何去引导和纠正，而不是不分场合地指责。

揪着孩子的缺点不放，不如多欣赏孩子的优点

『能从别人的过错中看出他的优点，那才是最聪明的人呢。

——德伦西』

父母对孩子的教育讲究“言传身教”，只有这样才会产生良好的效果，特别是在孩子犯了错，必须批评的时候，言谈内容可能会稍微严厉一点，所以一定要重视沟通氛围，父母要做好榜样，给孩子传达一个“尊重”的概念，并且用行为让孩子接收到“被尊重”的信号。无论什么年龄的孩子，在这样的成长环境中，得到的有益影响会更多。

科学研究表明，两个人之间的最佳交流距离是 0.5 米到 1.5 米，但是对待孩子，这个“科学距离”往往不太适用于现实，比较小的孩子通常喜欢紧贴父母，甚至希望赖在父母身上交谈，即使在挨批评的时候，第一反应就是拥抱父母，这种下意识的动作就是在祈求原谅。对于这一阶段的孩子，父母一定要有耐心，不可露出不耐烦的表情，因为即使孩子再小，也懂得看脸色，从父母的微表情中阅读到的不良情绪也越多，越可能形成懦弱、冷漠、自卑的个性。

大一点的孩子则不同，他们刚刚有了“好面子”的意识，不喜欢和父母的关系太亲近。而这个阶段的孩子，恰恰又是最需要教育的时候，他们的三观正在成型，需要父母和师长不间断地引导。这个阶段的父母要放下架子，不厌其烦地对孩子进行“言传身教”。比如小学高年级的孩子，常常会在父母要求谈话的时候，隔着房间应答，不耐烦地与父母进行深入交流。这个时候的父母，如果想把孩子从房间里

叫出来，一定要想好怎么说，不要单调地以“命令”的口吻指使孩子，这样即使叫出来了，接下来的谈话孩子也不会认真听，所以应该以诚恳的口吻说：“我知道你在房间里也能听到我说话，但是我很重视这次谈话，我们面对面说话不是更好吗？”或者说：“你现在在忙吗？什么时候有空出来谈一谈。”

总而言之，不要摆父母架子。很多父母往往比较重视树立“威严”，所以总是给孩子一种“高高在上”的感觉，这已经不适应时代的发展了。父母和孩子的关系有两层意义，一是父母对孩子的养育，物质上的供应让孩子成长；二是心理上的管理，对孩子进行教导，在这个意义上，父母应该是孩子的老师、挚友、伙伴关系。现实生活中，大多数父母往往太爱强调第一种意义，因为供养了孩子，不自觉地产生了居高临下感，扭曲了“心理管理”的意义，在教导孩子的过程中，不是作为老师、挚友、伙伴的角色，而是变成了法官的角色，太多的大道理，太多的批判，太多的下定义，以至于让孩子厌倦、逆反。

家长要多倾听、多交流，毕竟最终的目的不是打击孩子的自尊心，而是让孩子认识错误，从而改正错误。其实我觉得最可怕的还是父母对孩子“下定义”，诸如常能听到一些父母这么对孩子说：“你看你那个蠢样子，长大进入准保没出息。”或者是：“你这么小就这么不听话，还敢顶嘴，长大出了社会自有人收拾你，吃牢饭都有可能。”这样的话语极其恶毒，但很多父母在气头上，觉得孩子只是自己的附属品，没必要压制脾气，恶毒的话就脱口而出了。

父母一定要保持情绪平稳，急躁、发怒解决不了任何问题，还有可能激化与孩子之间的矛盾。孩子还未成年，贪玩、幼稚、无纪律性是年龄特征，孩子犯错也是一种非常正常的现象，最重要的还是要慢慢改进，此时父母在教导中的耐心细致就显得格外重要。

父母一定要在对孩子的教导上多花心思，在与孩子交谈的过程中，最好不要有什么阻隔，比如前文说的隔着几面墙各自喊话。放在现实场景中，一张桌子，或是胡乱堆放的作业本，都会给孩子造成压迫感和距离感，影响交流效果。另外，父母要尽量和孩子保持同一个高度进行交流，在同一个水平线上，才不会让孩子觉得父母是“高高在上”的，谈话尽量选择在柔软、私密的空间内，比如坐在沙发上，以聊天的方式，谈谈孩子最近的表现，让孩子也说说话，谈谈自己的对错，这样的沟通氛围是良好的，效果也是最佳的。

除此之外，私密的空间还有一个重要指标就是安静。噪声也是交流中的一大障碍，电视声、电脑声、生活杂音，都会让人分心，很多父母习惯一边看电视一边教育孩子，这样会给孩子一个“不严肃”的印象。作为父母，在交流前有姿态地清除各种杂音，会让孩子潜意识地认为接下来的谈话很重要，从最开始就集中注意力，并且在谈话中会更加认真分析、对待问题。

父母和孩子沟通的基础是平等，不要再用父母的高高在上、孩子低头认错的传统方式了，更有效的培养方式是和缓的。如果把道理摆在那而，一个劲儿地贬低和责骂，再有道理，孩子也会反感，友善地把道理说清楚，多结合实际，以小见大，孩子自然会领悟。

再有理的父母也别总是一副高高在上的样子

『要改变人而不触犯或引起反感，那么，请称赞他们最微小的进步，并称赞每个进步。

——卡耐基』

还未长大的孩子就像一张白纸，但这张白纸上难免会有一些黑点，这世界上本来就不存在绝对的完美无瑕，孩子这张白纸最后会变成什么样，需要父母来指导，假如父母只注意到白纸上的黑点，对孩子的优点视而不见，就像忽略了黑点之外的大部分白色。

孩子都是单纯的，他们有缺点，但百分之九十还是善良和天真的，我个人认为：父母用什么样的眼光看孩子，孩子就会成为什么样的人。爱迪生小时候被老师认为愚蠢无比，不堪造就，幸好他的母亲从小就觉得他与众不同，从未放弃对他的教育，这给了年幼的爱迪生极大的精神鼓励，才成就了多年后的“发明大王”。

被表扬是每一个孩子都非常渴望的，就像明星需要喝彩和掌声，才能一步步从新人成长为巨星，孩子的成长道路也是如此，欣赏孩子的优点，赞美孩子的优点，有时候只需要短短一句话，就能收到很好的激励效果，换取孩子更努力地改正缺点，累积优点。父母的每一次鼓励，对于孩子来说就是一次小小的成功，给予孩子无限的信心和动力，在不断的赞赏中不断学习，小成功累积起来，才能渐渐造就孩子的大成功。

在多欣赏孩子的优点基础上上，父母可以给孩子设立一些短期的目标，一旦孩子预期的进步，就要及时赞扬他，不要给孩子太笼统的赞扬“指标”，比如做个好孩子，这个概念就太大、太宽，孩子会觉得触不到边，他们的意志力和耐力都是有限的，很可能会因为等待时间过长，或者努力了很久都没效果而放弃努力。赏识孩子优点是催化他们奋进的因子，所以一定要及时，一旦孩子达到了某个既定目标，父母就要把握机会，及时地表扬孩子在这个事件中所显示的优点，并且态度一定要诚恳、喜悦，让孩子感受到自己的良好表现会让父母非常高兴，这样也可以拉近亲子关系。

父母告诉孩子因他的优点而自豪，这将是对孩子极大的鼓舞，激发孩子乘势而上，从而取得更优异的成绩，这是一个非常简单有效的妙招。我有个朋友，就很爱用这一招，比如看到孩子偶尔洗了一双袜子，就会说：“儿子，非常棒！懂得为妈妈减轻负担，妈妈回来一定很感动。”或者是儿子偶尔写了一首小诗，他也会说：“非常有活力的诗，有天分！儿子继续写，写得好，爸爸给你买你想要的图书。”这样的行为让他的儿子从小就非常快乐和自信，无论是学习，还是课外特长，或是人际交往，从来都不用父母操心。及时的赞扬会让孩子更乐观，我一直认为，人的个性形成与父母有很大关系，而乐观和自信的个性一定比悲观和自卑的个性好，哪怕是过分的乐观和自信，对比一丁点儿的悲观和自卑，这两种人也往往是前者比较容易成功，也比较容易快乐。

父母要懂得孩子的心理，有时候他们并不是一定要时时刻刻听表扬，他们更需要的是父母的关心和重视。如果父母一味地死揪孩子的缺点，孩子会觉得父母没有在关注他，继而感到失望，失去继续努力的动力，甚至自暴自弃，养成散漫的性格。尤其是孩子主动向父母“邀功”时，父母哪怕是真的有些忙，也应该尽量挤出时间，给孩子一些鼓励，并从中发掘出优点，告诉孩子他有这些特质。

赞美教育应该是教育的根本，其中的爱意，孩子是能感受到的。人性中最根本的渴求就是希望得到赏识、尊重和爱，父母针对孩子优点的赞美，恰恰满足了孩子的这三种渴求。让孩子在“我是好孩子”的心态中觉醒，而不是在“我是坏孩子”的意念中沉沦，批评教育哪怕把握得再好，也是残酷的，其本质是通过摧毁孩子的信心和尊严来激发他们的斗志，非常扭曲。

很多父母一直跟我抱怨：你常说要赞美孩子的优点，可我的孩子实在没什么优点，反而坏毛病一大堆，我想赞美，也无从下嘴啊？我告诉他们：走出来看看。

其实这些父母因为是针对自己的孩子，常常带有强烈的“自我”价值取向和评判标准，这也是很多父母只懂得夸奖别人孩子优点，不懂得发现自己孩子优点的原因。每个人的优点和缺点都是相随相伴，就像一枚硬币的两个面，并且因为判断标准不同，你眼里是缺点，在别人眼里就有可能是优点。所以父母要有一双善于发现“美”的眼睛，给自己的孩子多一点宽容，他们是一个独立的个体，不要完全按照自己的评判标准来“修剪”他。

基于这一点，如果有的父母初期实在是“发掘”不了孩子的优点，可以借他人之口来赞美孩子，比如跟别人聊一聊自己的孩子，让对方开口夸奖，虽然有时候的确是客气话，但可以帮助这类父母学着客观看待自己的孩子。并且将他人赞美的话转述给孩子，有时候这种方式更容易被孩子接受，也更能激发孩子的动力，毕竟人除了希望获得亲近之人的赞美外，也需要获得一些旁人的赞美，时常传达别人对孩子的正面评价，有益于培养孩子的交际能力。

多给孩子一些赞扬，努力挖掘孩子身上的亮点，哪怕他被全世界贬低了，也请让他回到家能找到一点温暖，通过至亲父母的欣赏、赞扬、信任、鼓励，让孩子一点点找到自信，保持良好的心态，塑造出健全的人格。

对婆婆多一份理解，因为婆婆也是妈

『每事都应站到对方的立场上想一想，这是达到谅解的最有效方法。

——甘地』

婆媳关系是一个被人说得太多，说了太久，更是千百年来都很难解决的问题。媳妇常常有很多委屈，婆婆也有很多怨气，但是从我的观点来看，媳妇毕竟是小辈，心理和行为可以“主动”一点，主动理解，主动宽容，主动退一步。

不要指望婆婆能和媳妇成为闺中密友。要明白，无论婆婆对媳妇多好，两个人的关系都只是建立在一个男人的基础上，所以一旦有了分歧，千万不要试图讲道理，更不要一有情绪就告状——那个男人是你婆婆的亲儿子，说得多了，哪怕有理也变无理了。

俗话说，“有理走遍天下都不怕”，但是在家庭中讲理的女人，肯定是寸步难行。婆婆把一个男孩养成了男人，交到媳妇手上，内心里肯定是有一丝不甘的，这种不甘可大可小，有时候她们自己也没察觉，比如老觉得媳妇不会照顾人，有的婆婆能忍住不说也不摆脸色，有的婆婆就忍不住了。这方面的委屈，做媳妇的一定要理解，甚至大可以一笑而过，换位思考一下，做岳父的一般也不太满意女婿，总觉得女婿对女儿不好，第一次上门的时候会多刁难。天下的父母都生怕自己的子女吃亏，出发点都是因为爱。

有个观点非常不现实，那就是——嫁进门了，婆婆肯定会把我当女儿看。要一个上了一点年纪的妇女做到将心比心，把媳妇当女儿看，实在是太难了！哪怕是受过高等教育、素质高、性格好的婆婆，也很难做到这一点，在女人的心中，儿子才是她的亲骨肉，媳妇是儿子的伴侣，好婆婆顶多能做到“不干涉”，媳妇有一天也会成长为婆婆，到时候就不难理解这种心理了。所以千万不要指望婆婆可以将心比心，不要对婆婆干涉太多，更不要对婆婆讲太多道理，一味执行自己的意见而不懂变通。

当然，一味忍辱负重也是不可取的，这会干扰自己的情绪，在方法上也属于没有技巧。一个好媳妇，最好的态度就是——试图去做婆婆的女儿，这和前面并不矛盾，婆婆没把媳妇当女儿，媳妇可以把婆婆当妈。这个观点需要好好领会，把婆婆当妈，并不是说要和婆婆推心置腹，什么心里话都说，而是指在和婆婆相处之中，除了宽容、理解，更要多份放松，就跟和自己的亲妈相处一样。

和自己的亲妈相处，从不用刻意讨好，只要不过分，不惹她生气就是了。对婆婆也应该这样，前面说过做媳妇的尽量不要干涉婆婆的观点和行为，应多份理解，假如有“恶婆婆”硬要干涉小夫妻生活怎么办？对自己亲妈怎么办就怎么办。比如婆婆批评媳妇花钱太多，希望可以接手小家的财政大权，做媳妇的别慌、别解释，一定要解释得要简短一点，再加上一点嬉皮笑脸、插科打诨，批评就虚心接受，但钱坚决不交。假如婆婆一再追问，就笑一笑，说自己有银行帮自己存，不习惯小钱也要领着花。话说到这一步，婆婆也明白了，即使她要跟儿子告状，也挑不出什么错来。

许多婆媳相处不好，不是因为没努力，而是因为“劲使大了”，过分地努力适应，把自己搞得筋疲力尽，情绪上也随之浮躁，觉得自己委曲求全，受了委屈，在这样的心理驱使之下，很容易搞得双方恩恩怨怨，纠缠不清。

人一旦松弛一点，心情就会好很多，把婆婆当亲妈相处，不需要刻意宽容，自然就会宽容。比如我们公司的会计大姐家庭和美，结婚二十几年，和公婆住在一起，我们都很奇怪怎么适应下来的，并且婆婆做得一手好菜，做媳妇的基本不用下厨，包揽清洗打扫，婆媳分工，有时候也互相帮帮，我们更奇怪怎么这么和谐。有天中午，看着会计大姐饭盒里色香味俱全的红烧条排和削好了的水果，办公室里的小少妇们终于忍不住向她取经了。

大姐说，没别的，其实很简单，把婆婆当妈待，再加上三个小妙招，人心都是肉长的，自然就不会出现恶劣的婆媳关系。

第一个小妙招就是多和婆婆聊儿子。会计大姐和丈夫很年轻就都结了婚，丈夫是城市独子，从小娇生惯养，在家里从来就不让他沾手家务，连端盘子、擦桌子这样顺手的小事，都没怎么做过。婆婆爱儿子，自然就对媳妇有诸多挑剔，会计大姐每次和婆婆拉家常的时候，都会主动说说丈夫最近的工作、交际，这些都是丈夫不会主动向婆婆汇报的，丈夫的交际圈婆婆也不怎么能接触到，会计大姐用最通俗的语言跟婆婆“汇报”，表面上却是“闲扯”的语气，亲切又自然。尽量让婆婆感到，即使儿子有了媳妇，也没有失去他，家里还多了个照顾儿子和善于聊天的人，轻了一份负担，多了一份乐趣。在和婆婆聊天中，还不时加一些对丈夫的小抱怨，更真实地让婆婆觉得儿子不是“老婆奴”，更疼爱媳妇，并且可以通过婆婆的指令纠正丈夫的一些言行。

第二个小妙招是和婆婆聊孙子。会计大姐的孩子刚上幼儿园的时候，有一次婆婆因为做了一次小手术需要在医院静养一段时间，很想孙子，会计大姐一有时间就带上孩子去看望，即使孩子要上学，也都会不时地跟婆婆说一些孩子日常的趣事，也有意识地跟孩子说奶奶有多么想他，所以孩子每次去医院看望，都欢呼雀跃，让老人十分开心。婆婆每天做饭，虽然自己乐在其中，做媳妇的也要不时表达感激，会计大姐有意识地对孩子灌输这种理念，孩子上小学第一次作文练习写人物，就写了“我的奶奶”，其中说起奶奶每天做饭，很好吃，但是很辛苦。这自然是会计大姐平时潜移默化的成果，却把婆婆感动得泪眼婆娑。

第三点就是体现婆婆的重要性。要是谨慎一点的媳妇，就不敢让婆婆每天做饭，怕婆婆有怨气。会计大姐不是这样想的，婆婆就是亲妈，有什么不好意思的！于是让婆婆掌勺，婆婆也乐得让家人天天吃自己做的饭，特别是在饭桌上，会计大姐还时不时夸几句，婆婆觉得自己有了发挥之地，也不觉得退休后无聊了。家里的经济大权是会计大姐掌管，但她给公公婆婆买了好几种保险，她婆婆逢人就夸这个媳妇孝顺。

听完会计大姐的经验，公司的小少妇们连连惊叹，和婆婆相处，要花心思可这心思又不能花得太过，真难拿捏。会计大姐淡淡一笑：“其实很好拿捏的，把婆婆当妈就行了。”

从单身到成立家庭，这并不只是两个人的事，是两个家庭的事，小家不可能完全独立。媳妇要过好自己的小日子，自然很多事情都必须拿主意，但婆婆也不可以忽略，可根据具体事情，有技巧地征求婆婆的意见，并尽量理解她的想法，如果想法存在严重分歧，别用大道理否定，也不要唯唯诺诺地附和，先答应下来，待冷静下来，再慢慢解释，把婆婆当亲妈对待，宽容就会多很多。

儿女也有“教育”年老父母的义务

『恩德相结者，谓之知己；腹心相结者，谓之知心。

——冯梦龙』

在中国的传统理念中，父母有教育子女的责任和义务，更是有古训“养不教，父之过”恰恰说明了这一点。可是，随着儿女渐渐成长，步入了社会，家庭地位和角色都发生了转变，父母一天天年华老去，跟不上时代，思维也发生了变化，常常会产生一些不合理的想法、做法。所以为人子女，除了赡养父母，更有着“教育”父母的责任，这听起来虽别扭，但仔细一想，再合理不过了。

以消费理念来说，老年人对于金钱，似乎更为吝啬，再加上一些守旧的坏习惯，代沟就出现了。我们公司的守门大爷，儿子很有钱，就是自己闲不住，平时生活也颇为节省。我亲眼看到过他儿子来接他，他硬要把捡到的垃圾往儿子车上带，说是最近没人来收了，顺路去卖掉，后备箱装不下，还要往车厢里面塞。儿子气急，说：“你攒这种钱干什么？我去洗车的钱都回不来，再说了，主要是脏，对你的身体不好。”门卫大爷这把年纪了，怎么能体会呢？还觉得儿子不讲理。这样的老人，常常把一毛钱都看得斗大，生活品质又不见提高。

突然有一天，我发现门卫大爷“鸟枪换炮”了，平时那件一穿穿一年的黑袄变成了一件簇新的皮夹克；那把缺了一只脚的破椅子，变成了一把可转的躺椅。我看门卫大爷整个人也容光焕发，打趣地说：“终于想开了？”大爷面带无奈地说：“都是儿子给买的，说是退不了了，只能用了。前段时间生了点小病，发现省来省去，最后送到医院去了，儿子说了我一顿，我也想通了。”我看得出来他对儿子的孝顺很满意，于是大大夸赞了一番，又说：“说的是，现在钱不值钱，不如花了，早就该这样了。”大爷笑着说：“是嘛！带到棺材里就再也享受不了啦。”

父母有错，要委婉劝告，不可以放任不管，说得功利一点，若父母出了什么事，麻烦的还是我们这些做子女的。举个生活中的例子，我的一位同事就常常提醒母亲不要早上去赶公交车。很多老年人常常为了赶早超市便宜几毛钱的时候，在年轻人上班时间出门挤公交，他们认为反正上了车肯定是会有人让座的。我同事希望母亲不要这样，坐公交去赶早班的都是年轻人，生活本来就很辛苦，有时候坐车要坐一个多小时，到了公司会很疲累，有个座位会好得多；从另一面看，跟年轻人一起挤公交，身体再好，也怕老人出危险。同事教母亲换位思考，回到她刚工作的那一年，想必每一位母亲都希望自己的女儿在上班的路上能够坐着休息一会儿，这么一来，同事的母亲真正理解了，也听进去了。

如果劝告不起作用，可以结合实例劝告。很多老年人省吃俭用，最后被卖假药的骗了一大把，这种案例着实不少，子女可以有意识地找一些报道过的假药新闻，给父母参考，或者是找一些受骗过的老人来跟父母交朋友，这样的方式，比嘴皮子说破了都有用。同样的还有卖保险的、卖理财产品的。

最后还有一招，言教不如身教。父母有判断的能力，有时候只是觉得年纪大了，很多事情都不在乎了，再加上思维转不过弯来。比如在公众场合大声喧哗，在该排队的时候不排队，等等。作为子女，要抽时间多陪父母，并且在与父母相处中，好好规范自己的言行，比如做子女的不随地吐痰，做父母的自然也不会在遛狗的时候不捡狗屎。这样的潜移默化，既给父母留了面子，也能达到良好的“教育”效果。

即便子女年纪很大，在父母眼里也还是孩子，在“教育”父母的过程中，肯定是会出现一些阻碍的，归根结底，还是需要子女多花点时间在父母身上。

父母把我们养育成人，我们也慢慢变成父母，其重心就倾斜到了自己的小家庭上，这是非常正常的。但为人子女，千万不要翅膀一硬就忘了爹娘，古人都说“父母在不远游”，只要父母还健在，每个人都不能有放手不管、远走高飞的念头。父母渐渐年迈，身体和思维都跟不上节奏了，所以现代子女不仅要多些时间陪父母，言传身教，使他们不要落后于时代太多，更应该帮助父母安排好老年生活，以免一辈子平顺，到老了还遇到一些坎坷，比如很多老人在受骗后整日郁郁寡欢，甚至积郁成疾。

子女有教育父母的责任，除了指导外，更应该引导，比如退休后如何打发时间，怎么安排健身项目，储蓄理财如何不操心，这些都需要子女花心思、花时间。“教育”父母，看起来是“不孝”，其实是“孝”，想想父母为我们操的心、出的力，在婴儿时期教会我们说话、走路，在学习阶段教育我们要把路走正，在初入社会时提醒我们要选择正确，我们能为父母做的，其实很少很少……

完美家庭的经营之道：学会“装聋作哑”

『我虽然不同意你说的话，但是我维护你说话的权利。

——伏尔泰』

每个人从生下来就一直在沟通，和父母、朋友、亲戚。开始接受教育之后，和老师、同学沟通；进入社会之后，和老板、同事、客户沟通。尽管我们一直在沟通，也一直在潜移默化地练习沟通，但是会沟通的人却很少，甚至在面对我们朝夕相处的爱人、亲人的时候，都觉得沟通不畅，甚至觉得十分困惑，搞不清到底应该怎么跟爱人相处。

沟通是一门学问，两个人之间的每一次沟通，都是一次探访和被探访的过程，如果双方都感受到被尊重、被理解，自然也会接纳对方的缺点，于是沟通就“一通百通”。可是人们常常对陌生人宽容，对爱人、亲人的要求比较苛刻，从心理学层面上讲，在两个人的亲密关系中，沟通的时候，当事人的耳朵会格外敏感，因为熟悉，可以快速地辨认出对方的语言色彩，然后因为关系亲密毫无顾忌，就会肆无忌惮地将它放大，于是就这样误解了对方的意思。一生气，就压抑不住怒气，还因为亲密的关系毫无顾忌，开始说出一些难听的话，对爱人、亲人进行攻击，期望对方“服软”，这样往往会导致双方的矛盾激化，可能会造成不可避免的损失。

在一个家庭中，常常会因为一件小事的纠纷，上升到严重的家庭矛盾，就是因为，面对爱人，我们没有抑制住自己的怒火，针对一件事可以牵扯出许多旧事，爱人感觉不到爱意，只能感觉到受伤，久而久之，关系就出现了裂痕。

为了避免这样的家庭纠纷，我们可以发挥“装聋作哑”的精神。这是我个人的实际经验，刚结婚的时候，我和妻子还比较恩爱，但是过了半年，矛盾就出现了。毕竟是年轻人，主要矛盾就是在沟通问题上，我嫌她太唠叨，她嫌我太不耐烦。于是争吵成了家常便饭，我常常以工作为由，数个星期不回家，眼看婚姻就要破裂了。

可是双方的父母不愿意看到这种现象。我的父亲教我，和谁过都是一辈子，和仙女过了三个月也会烦的，所以做男人一定要会“装聋”，唠叨就应几声，左耳进右耳出就行了。于是我回到家，为了减少争斗，我开始不理我老婆，可这样一来又出错了，老婆以为我铁了心要跟她冷战，牢骚的话更多了。

就这么过了几天，我发现妻子突然减少了唠叨。比如有时候我的脏衣服没放在正确的地方，她也只是皱皱眉头，放进了洗衣机。三天后，我开始慌了，这是“完全放弃”的境界吗？想起谈恋爱时候的种种，我突然又舍不得了。于是开始主动规范好自己的一些言行，甚至在妻子做家务的时候讨好地帮忙。

过了一段时间，我们的关系终于缓和了。妻子告诉我，是岳母给她支的招，少些唠叨，看来效果还不错。可是缓和一段时间，她和我的老毛病又复发了，还是我父亲点拨我，“装聋”是有技巧的。领悟了之后，凡是老婆唠叨，我一概不作声，既不针锋相对、唇枪舌剑，也不一声不出，只要当作没听见，嬉皮笑脸一番，把事情“度”过去了再说，等老婆发完脾气，再逗逗她，并且马上把惹她发脾气的事情解决了。我发现，有了这么一个过程之后，我自己的情绪也平静多了，慢慢地矛盾也少了。

夫妻两个人都学会“装聋作哑”，我和妻子总算度过了新婚的磨合期，过了几年，慢慢习惯了对方的习惯，有了生活的默契，言语中抱怨和责怪逐日减少，即使有矛盾，也能马上消除，进入了一个细水长流的甜蜜期。

“装聋作哑”是维持家庭幸福的一件法宝，但要真正领悟，也需要一番体会。

“装聋”不是听不见，不是摆臭脸、冷处理，而是要装成听不见激化矛盾的内容。

场景一：打雷闪电，姐姐和妹妹刚出家门，姐姐对妹妹说：“你把插头都拔了吗？”

妹妹说：“呀！我忘了，我以为你拔了。”

姐姐生气：“你怎么一天到晚一点心都不操，好像全是我一个人的事一样。”

妹妹也来火了：“你不早说一声，谁能想到？”

姐姐说："你不看天气预报吗？算了算了，你从小就这个德行。"

妹妹火冒三丈："你说什么？说清楚！"

大吵一架。

场景二：吃饭，菜咸了，丈夫一皱眉头："让你少放点盐，健康生活懂不懂！"

妻子不作声。

丈夫也不作声。

过了一会儿，妻子说："能吃吗？不能吃回个锅，我给你放点水弄淡一点。"

丈夫似乎有点不好意思："没事，还挺下饭的。"

看电视的时候，妻子拿出一个创可贴贴手上被刀割出的伤口。

丈夫面有愧色："老婆我来帮你吧，对不起你这么辛苦地做饭，我还挑嘴。"

妻子笑了："什么时候变得这么肉麻了！"

有时候两人在交流中流露出的消极情绪，其实并不是针对对方，可能完全只是对事情本身的一种烦躁，比如没拔插头、菜咸了，于是需要发泄一下情绪，身边有个亲人、爱人，就这么抱怨开了。理智的做法是不说话，不要针对抱怨挑字眼并当场反击，把怒火真正引到自己身上来。

"作哑"，不是不说话，是不说激化矛盾的话。

场景一：一家三口在餐厅吃饭，吃完了，忘记带优惠券了。

父亲说："你们就不能让我省点心吗？"

母亲说："吃这种破餐厅还要使优惠券，别人老公上哪儿都不用优惠券。"又指着儿子："这么大了，不会帮父母分担一点儿事。"

儿子委屈："没人提醒我啊，我都不知道放在哪儿。"

于是，周末聚会一家人都闷闷不乐。

场景二：妻子发现丈夫手机上有前女友的暧昧短信。

她旁敲侧击："你最近和前女友还有联系吗？"

丈夫马上就不耐烦了："你怎么老问啊，没有就是没有。"

妻子不作声了，默默地吃着东西。

过了一会儿，丈夫说："她最近给我发了个短信，我没回。"

举着手机让妻子看，并且当面删掉了。

有缘分才能组成一个家庭，请不要逞口舌之快，眼看就要吵起来了，还一句顶一句，合适吗？两个人在交流，是希望得到答案，而不是伤害对方，所以在恰当的时候，沉默很有必要。

“装聋作哑”可以减少误会，增加亲人、爱人之间的融洽度，这是每个人都应该学会的，装聋作哑不是一种委曲求全，而是为经营幸福家庭献上的一份爱，我们能做到对陌生人宽容，为什么不能对家人宽容呢？

Chapter 4

爱需要包容，总爱讲理只会两败俱伤

在影视、小说或者现实中，我们经常能看到这样的爱情桥段：明明很相爱的一对恋人，最后却分开了？为什么会有那么多有情人难成眷属，甚至成了怨偶？因为没有爱的能力和智慧。一段感情，倒带回去，往往都是绚丽、甜蜜的，但是仅有爱是远远不够的，恋爱需要完成两个心理任务：一是认识自我，二是培养爱的能力。认识自我，就是通过恋人这面镜子去了解自己是个什么样的人；爱的能力则是处理好感情矛盾和分歧的能力。很多时候，让一对热恋中的男女分手的原因，并不是其他人的拆散，而是男女中的一方甚至双方总是爱讲理，每每有争执都想着说服对方。结果是，不但没能“以理服人”，还势成水火，终致两败俱伤，痛苦分手。这，就是没有爱的能力的体现。爱，需要包容，需要体谅，需要迁就对方，需要更多的感性而不是理性。恋爱中，只有多一些包容与忍让，少一些讲理与较真，两个人才能真正地兼容。

为什么相爱的人都爱“讲理”

『宽容就像天上的细雨滋润着大地。它赐福于宽容的人，也赐福于被宽容的人。

——莎士比亚』

不知道有没有人发现，对着外人，我们说话比较随意，根本严肃不起来，反正不交心，嘻嘻哈哈，插科打诨，真真假假，就这么交谈完了。可是对着爱人，我们却往往太过于严肃，有一点小问题，恨不得能扯出一大堆道理，说的都是真心话，也都是为对方好，到最后却往往会吵起来。

相爱的人交流起来更容易吗？那可不一定，有时候相爱的人反倒不能好好交流。看看《红楼梦》里面的林黛玉和贾宝玉，一见面就吵，不见面就想，最后把林黛玉气死了，让薛宝钗捡了个便宜。这里先不去扯“红学”了，以我个人的体会来说，就是因为林黛玉爱贾宝玉爱得太深了，所以一说话就要追根究底，一点儿小事都要说个清清楚楚、明明白白，最后的中心思想还是落在：你究竟够不够爱我。反观薛宝钗，我相信她不爱贾宝玉，起码是没有深爱，她选择贾宝玉有许多功利的原因，所以在交谈中步步为营，每说一句话都讨人喜欢——起码跟她是吵不起来的。简单来说就是，薛宝钗不任性，她顾忌着贾宝玉的心情，林黛玉太爱贾宝玉，也希望贾宝玉爱她，多疑的性格又时常在探究贾宝玉够不够爱她。

生活中有许多人也太任性，对着自己爱的人，就忘记了礼貌，忘记了客气，忘记了尊重。越是爱对方，对爱人越关心，操的心也越多，并且期望他（她）能够听从自己的意见，变得更好，于是就开始灌输道理了。这和专制的妈妈为孩子操心差不多，感情好，讲的道理才多，但这些“道理”正确、客观吗？就不去细想了，这样讲道理，其实是一种“不讲理”。

这样的情况多出现在女人对男人的态度上。女人要明白一点，你交流的对象，不管是同事、父母、朋友，还是爱人，千万不要以为他和你是一样的人。这是交流的一个基础观念，无论在一起生活了多久，感情有多深，不同的人就是不同的人，你看到的，他可能看不到；你想到的，他可能想不到，思考的逻辑不同，不要强行灌输你自己的观念。生活中很多女人，对自己的爱人但凡能拿出对陌生人一分的客气，也许双方感情会更好，可现实是，大部分女人都有些任性，当然这并没有错，女人天生就应该任性一点，但尺度一定要把握好，不要尝试用唠叨和责难去改变自己的爱人，学会和爱人交流，尊重他们思考的逻辑。

男人对女人，也用不着跟她讲道理。道理从来都是打动不了女人的，即使是看似非常正确的道理。女人天生就是感性派，与她们讲道理，只能是浪费时间，所以千万不要用理性思维来要求女性。

对待女人，夸奖是第一位的。爱美的就夸她美，爱独立的就夸她知性，一般情况下，再冷漠的女人，在气头上的女人，听到夸奖都会笑颜如花，就算脸上不笑，心里也不知道笑了多少回了。每个人都有优势和长处，男人要懂得欣赏女人，在恋爱中更要善于发现伴侣的独特魅力，恰到好处地夸奖自己的爱人，女人就会快乐，即使中间夹杂了一点反面的建议，她们也不会生气，反而觉得男人把她放在了心上。

第二就是用幽默来感染她。即使是要批判，有的时候不得不端出一些“道理”，也可以用幽默轻松的方式来呈现，苦药外面有层糖衣，是不是就容易下咽一点呢？女人都喜欢幽默的男人，交谈中常伴随着笑声，是交流的最高境界，交谈之后能够常常回味发笑，说明这次的交流起了作用，也增进了彼此的感情。

第三就是用心去引导她。对女人来说，男人用不用心，都是体现在实际上，许诺是空洞的，心意才是永恒的。比如一条温暖的短信、一件精致的信物，都会让女人时常回味。男人要懂得把握时机，向女人展现你的心意，我有个朋友就是如此，每次争吵后就精心挑选一样礼物，每次要提建议的时候会邀请妻子去好的餐厅吃饭，结婚多年都是如此。婚姻不是儿戏，摩擦也不可避免，不用点儿心去经营，幸福生活没有那么容易获得。光是想着靠嘴皮子说点干巴巴的道理，这道理过于严肃，有时候还挺恶劣，叫女人如何接受呢？

相爱的人都为对方操心，要说的大道理就多了，但相爱的人不是用来讲道理的，是用来爱的，我们不需要粗暴、急躁、简单地向爱人证明我们是有理的，我们的目的是和谐幸福地生活，长久地相爱下去。时间会把男孩变成男人，把女孩变成女人，一对相爱的人在人生路上相依相随，成长是需要时间的，给自己的爱人一点时间和宽容吧，感情不要用“道理”掺和，否则就像蜜里撒盐——很败味。

爱没有输赢，太讲理只会两败俱伤

『换一个角度思考问题，就会得到凌空于别人之上的答案。

——佚名』

朋友丁先生的妻子天生大嗓门，典型的河东狮吼型，就算是芝麻大的小事，只要经过她喉咙，似乎能“冲”倒一堵墙。有次丁先生建议把凉了的菜热一下再吃，她的回答简直能把人呛死：“热什么热？凉的不是照样能吃吗？热过吃了就能长命百岁了？”一炮不够，还要再轰一炮：“茶水还要放冰箱里冰过才喝，菜却要热了再吃，那你以后冰箱也别给我用了！”

他们这种关系磨合了十几年，其妻性子仍然不见有改观，哪怕丁先生动用了岳母屡次规劝，都是收效甚微。这种状态，在外人看来，可能夫妻关系估计相当恶劣，但是出人意料的是，丁先生夫妻关系相当和睦，并未因为妻子的暴脾气发生过“战争”。究其原因，主要丁先生懂得“认输”，他不在该不该去热菜与妻子做口舌之争，而是自己默默去热菜。而结果是，从这之后，妻子都会把冷菜热过了才给他吃。

在一个家庭中，夫妻之间是不需要非得分出个输赢的。那种不把对方压倒就是窝囊、就显不出“英雄本色”的想法，是不理智的。夫妻间需要的是相互包容忍让，设身处地地为对方考虑。

虽说恋人之间提倡相敬如宾，可是从没争吵的情侣似乎没有，就算关系再好的夫妻，让他们一辈子没有红过脸，似乎也做不到。实际上，天底下没有不争执的情侣，情侣之间的争执比父女、母子、同事、朋友都要多很多。

这一切都是为了什么？

答案是——因为爱情！因为爱情，爱人一举一动都会让你的内心泛起涟漪，就像那歌词唱的：你的眉目之间锁着我的爱怜，你的唇齿之间留着我的誓言。你的一切移动左右我的视线，你是我的诗篇读你千遍也不厌倦。同样的话，别人说出来，再难听我们付之一笑，从所爱之人的嘴里说出来，就会产生万般化学反应，难免胡乱分析、揣摩，再加上两个人的成长经历、生活环境不同，争吵几乎是不可避免的。

既然争吵不可避免，就用它来增进感情吧。适当的争吵，是一种再正常不过的交流方式，正印证了“打是亲，骂是爱”的道理，这表示对对方还有期许，还很在意，并且双方都在努力，尝试通过争吵来解决问题。相反，那种心里堆积着不满、怨气，却任何意见都懒得表达，连争吵都厌倦，这种处于冷战的感情，就距离死亡不远了。

据相关可靠材料证明：一对心智成熟的男女要找到相处的平衡点，建立起一种相对和谐的关系，一般情况下需要两年左右的时间，在其中要经历过无数的矛盾、争执、磨合，最后达到平衡。那些在恋爱期间经历过纷争最后步入婚姻的人，婚后的相处质量一定要优于从未有过争执的情侣。可见，争吵可以，但不能伤人，伤人就会伤情，最好的方式不要凡事都分个谁是谁非，一定要辩论出谁对谁错，争吵的重点应该放在解决事情上，得出解决事情的结果。争吵要学会面对，并且重视结果，而不是过程，目的是找到双方相处的平衡点，而不是一方用自己的道理压倒另一方，迫使对方屈服，太过于计较输赢对错的争吵，是恶性争吵，伤害情侣之间的感情，最后只能是两败俱伤。

所以争吵的第一要务是要开诚布公，表达自己的想法，让对方更了解双方的差异，协商如何彼此协调，达到沟通目的，关系也更为密切。值得注意的是，吵架的重点是增进感情而不单单是发泄情绪，生活中太多情侣吵架是基于情绪，而非最终解决问题。

基于情绪的吵架方式的导火索，往往是一方觉得另一方的言行很过分，开始了轮番的指责。另一方一边解释，一边觉得指责实在小题大做，自己根本没有错。指责的一方看到对方的辩解，更生气了，并试图让对方明白自己介意的不是事情本身，而是认错的态度。被指责的一方来气了，也开始不断控诉反扑……这样一来一往，这种基于情绪的吵架，问题没解决不说，而且彼此心力交瘁，伤得不轻。

因此，男女争吵时一定要控制好情绪，不要试图证明自己的对，不要命令对方必须认错，只要表达了自己的感受，让对方先冷静下，切忌说一句顶一句。对男人尤其如此，男人们常常觉得委屈，自己一片好心，试图安抚女人情绪，换来的却是对方的责骂。对女人，最好的安抚就是甜言蜜语，转移话题，等情绪平静了再加上一点儿解释。我们要知道，男女不是来自于同一个星球，其思维模式不在同一个频道——女人往往比较感性，既要对方认错，更在乎对方的态度，希望男人哄着自己，无论对错，一律认错；男人的思维比较直来直去，对就是对，错就是错，喜欢就事论事。

对女人来说，任性也要有个限度，就事论事，不要期望男人一旦变成爱人，就要完全臣服，想必大多数女人也不希望自己的爱人如此软弱吧！而女人在表达上，也不妨直白一点，争吵中拐弯抹角的表达会让男人困惑，直接说出是什么让你生气了，效果比较好。比如不喜欢看到丈夫跟女同事关系太近，就应该直接说：“我不喜欢你这样。”而不是一整天找茬儿发火，质问男人：“你心里还有这个家吗？”男人觉得莫名其妙，本能反应是受到攻击，于是开始反击。

爱情中不需要输赢，指责与反指责，越想证明自己“正确”，越会两败俱伤。所以请放弃是非的争辩，放弃凡事只有一个答案的想法，放弃“你必须得听我的”这种心态。

其实，很多事只是角度问题，特别是对于爱侣之间，男女思维本有差异，何不站在对方的角度上想想问题？有了这样的考虑，也许很多男人会发现，女人的每一次耍脾气，都在表达强烈的关注需要，也许很多女人会发现，男人的每一次辩解，都在表达着强烈的息事宁人。都是因为爱着对方，才需要对方懂得自己。最后谨记，夫妻吵架无输赢之分，谁是谁非不可能明明白白。有时只不过是做某一个“选择”，而这个“选择”往往来自一方的让步。

偶尔吃醋怡情，时常吃醋伤情

『生活多得是平淡无奇的擦肩而过，偶尔激起几个水花便已是天大的缘分。

——《陈二狗的妖孽人生》』

两个人在一起，爱得太深了，就容易吃醋，吃醋是一种嫉妒的表现，有时候这种嫉妒非常浅显，所以表现出来的只是撒撒娇，耍耍小性子，期望引起伴侣的注意，这和小打小闹一样，是感情的调味品，少了这一味酸溜溜，恋爱也不完整了。如果时常发作，这就不是一点儿酸味了，而是“醋意滔天”，一次又一次，再喜欢这一套的伴侣，也总有厌烦的一天。

我个人的建议是不吃醋。这里说的不吃醋，是说外在表现，天下没有人能克制住嫉妒心，但聪明的人懂得分析，懂得克制，懂得把握。生活中很多幸福伴侣并不是不吃醋，而是给“吃醋”穿上了一个合理的外衣，用宽容来稀释酸味。对爱情中的人来说，“醋”还是要吃一点的，但如何“吃”，怎么“吃”，什么时候“吃”，都是一门大学问，“醋”吃好了，才能发泄不良情绪，让对方感觉到在乎，而不是厌烦。

现在有很多女人醋劲很足，男人稍有不慎，就有可能碰翻“醋坛子”。这个“醋坛子”可真不好惹，小则大哭大闹，冷脸相对，大则寻死觅活，离家出走，甚至干扰到男人的朋友、同事、亲戚，骂起人来连住在坟包里的“人”都骂了。不吃醋的时候是个可爱的小白兔，相处久了也不在乎形象了，只在乎男人抓没抓在自己手上，于是就变成了“泼妇”。我见过不少吃醋吃得让男人身败名裂的女人，这种做法旁人看了也胆寒，感叹女人这也能豁得出去，其实这种做法已经违背了初衷，原本是想让男人在乎自己，永远待在自己身边，可这一闹腾让爱变成了恨，最后发现吃醋的原因只是“捕风捉影”的谣言和揣测，值得吗？

再说吃醋的时机。饮食中天天稍微吃一点儿醋有益健康，但在恋爱和婚姻中天天“吃醋”是受不了的。对男人来说，都希望自己的女人能吃点醋，这是一种被需要的感觉，既是情感需求也是价值彰显，可是没有一个男人喜欢自己的女人天天吃醋。天天吃醋，再多的耐心也消磨光了，哪怕这个女人如天仙一般，一个星期超过三次的吃醋，不管是“大醋”还是“小醋”，不论是默默流泪、讽刺挖苦或破口大骂，都是一个味——酸得头痛。

女人时常吃醋最可怕的两点是不分场合和莫名其妙。不分场合，是指有的女人心情一不好，一旦决定吃醋了，就开始对男人使小性子，让场面尴尬，让男人下不来台，自己也留下了恶名，给别人增添口舌乐趣；莫名其妙，是指有的女人不看风向，什么醋都吃。聪明的女人是会分析的，针对具体情况做出筛选，有些“醋”是没必要吃的，有些“醋”是吃不得的，有些“醋”是吃了也没用的，比如老公抽出时间陪父母，因为事业要陪女客户吃饭等。这个时候女人一定要大度一点，该糊涂的时候要难得糊涂，掌控要有个度，不该吃的“醋”就不踩雷区。

说了这么多女人吃醋的“恶行”，下面来说说男人吃醋。吃醋可不仅仅是女人的专利，表面上心胸开阔的大男人一旦吃起醋来，那可是心里嫉妒得发痒，表面上也要装得云淡风轻，一旦爆发出来，那可真是飞沙走石，天地为之变色，虽是夸张了一点，但男人吃醋的主要表现方式，就是——发脾气，往往能把女人吓个不轻。

主持人可可结婚不到半年，丈夫是台里的摄影师，本来是佳偶天成，委屈只有可可自己知道。可可丈夫是一个典型的大男子主义者，平时就是个醋坛子，虽不表现出来，但可可能感觉到。因为可可的工作关系，交友比较广阔，电话也多，只要夫妻两人在家的时候，可可的手机一响，丈夫立刻凑过来看：“谁呀！休息天还打电话。”平时也是疑神疑鬼，可可多跟哪个男性说句话，丈夫也得黑脸半天。

半年下来，可可的性格内向了很多，异性朋友都逐渐疏远了，同性朋友也知道她有个“醋坛子”老公，不爱找她聚会。一次，可可去参加高中同学聚会，丈夫本来在外地出任务，愣是请假回来了，硬要陪她去，可可尴尬不已。席间有可可的初恋男友，大家偶尔开个玩笑，搞得可可丈夫横眉冷对，气氛慢慢不对了，可可把丈夫拉到一边，表示就是个玩笑话，大度一点也开句玩笑回应就是了，可是丈夫甩开可可的手，没有理会。

聚会接近尾声的时候，有个刚刚赶来的同学不知道可可的丈夫在场，竟然提议大家去唱 KTV，并点歌要让可可和他的初恋唱首当年的成名曲《水晶》。这下可可的丈夫终于忍不住了，他觉得全场都在跟自己作对，可可还不体谅，甩下一句：你们就重温旧梦吧！说完了摔门就走。

一个月后，可可和丈夫离婚了，她在朋友圈发了一条消息：我终于解脱了。

实际上，男人偶尔吃点小醋无伤大雅，在女人眼里，反而觉得真实可爱，并且觉得男人实在太爱自己了。但男人吃醋一定要把握好度，一个是时间，男子汉大丈夫，不要小肚鸡肠、婆婆妈妈，倘若跟可可的丈夫一样整天疑神疑鬼就不好了；二是情绪，男人吃醋容易抑制不住怒气，“吃醋”变成“放炮仗”，更有甚者，对女人拳脚相加。对这样的男人，我只想对女人说一句话：早散早好。你爱一个人，吃醋是必然的，但更多的是珍惜和疼爱，正因为有了珍惜和疼爱，才有了嫉妒心，对那种大男子主义式的吃醋，更多的是一种掌控欲，不是真正的爱。

无论男人还是女人，偶尔吃醋可调节感情，真正会吃醋的人都是懂得把握爱的尺度的人，在适当的时候小吃一下醋，那滋味酸酸甜甜，让伴侣知道自己是被在乎的、重视的。可是，不管三七二十一，没有弄清事情真相就天天吃醋，时时摆脸色，对伴侣进行无端的猜疑、挑错、责骂，再甜的爱也会被“醋”稀释得又酸又苦。

真爱一个人，就别计较付出的多寡

『一个人总得慷慨一点，才配受人感谢。

——托马斯·哈代』

在这个现实的社会里，我们都曾经对爱情有过期许和憧憬，但是随着年龄增长，当世事历练了我们的心，当烦琐麻木了我们的思想，爱情的光环就会黯淡，很多人都忘记了爱情的价值和意义，对爱情有了过多的奢望，只愿意得到，不愿意付出，爱情就在“计较”中变得不堪，是否有时候我们还会回忆起一个月夜里，乘坐了十几个小时的火车，步行了两个小时，只为了去看她一眼呢。

每个人都期待伴侣能够给自己最充实的爱、最完美的生活，特别是那些随着年龄渐长不愿意再折腾的“成年人”，可爱情和别的东西不同，它需要两个人的坚守和经营，并且永远没有真正美好的时候，一方的计较，只会让爱情越来越没有余地，享受不到爱情的甜蜜、酸苦、辛辣。

我有一个朋友是律师，曾经在业内叱咤风云，现在在一个三线小城开着一间小小的事务所。今年秋天我去看他，他的桌子上有一个洁净的玻璃瓶，里面装满了黄白色饮料，我问他：“里面是什么喝的？”朋友回答：“是豆浆，我不能喝牛奶，每天早上我老婆提早起来给我现榨的豆浆。”我笑着说：“你太太真疼你。”几十岁的大男人，他居然有点害羞了，不好意思地说：“是啊，这黄豆都是她精挑细选的。”说完，若有所思地笑了笑。

这个笑容感染了我，当年为了太太，朋友放弃了北上广的大好前程，陪着太太来到她的家乡安居乐业，他们很幸福，今天回过头来看，朋友太太是值得享有这种幸福的。

许多女人总是自私地享受着被爱，觉得男人为女人付出是天经地义的，并没有好好关心男人的内心，而男人呢？总是觉得自己最辛苦，忘记了女人为家庭的付出：洗衣服、做可口的饭菜、在寒冷的雪夜等待。大多数人都应该扪心自问：我到底为这段爱情、为这段婚姻、为这个家庭付出过什么？是真的用心付出吗？

最初的相遇，我们对伴侣没有过多的要求，只希望他（她）陪伴在身边，慢慢地相处久了，就开始计较付出，觉得回报太少。其实，爱情的感觉在我们的心里，从来不曾失去，那份甜蜜，也永远存在，如果看不透就不能明白，不明白的人是没有经历过真正的爱情的。爱情是一种简单而平静的执着，双方都应该以合适的方式去付出，付出之前不要计较回报，因为付出的过程本身就是一种回报。

真正的爱，不是计较自己付出多少，而应该计较对方得到多少。

请用心付出：

让他每天早上能吃到早饭。

让她在雨天有人接送。

让他在生病时不用操心。

……

我曾经听过一个故事：一个姑娘在分手五年之后，去看了一场演唱会，那个乐队是当年他俩最喜欢的，可惜当时两个人都没有钱去现场，如今终于可以去现场观看了，却早已物是人非，当最熟悉的那首歌前奏响起时，姑娘拨通了他的电话，高举手机想和他一起分享，歌曲唱完，她早已泪流满面，放下手机一看，通话时间：0：00：05。

很多人做了一些感人的事情，其实只不过感动了自己，完全没有为对方考虑，对方自然也感觉不到切实的幸福感。

比如在他加班开会时共享演唱会。

比如因为她不理你留下男儿泪。

……

爱情的付出是做出来的，不是想出来的，那些计较付出的人，总是觉得自己付出很多，因为心里有很多的爱，可对方却完全感觉不到，不管是物质上还是感情上，即使没有能力和精力去做一些事，说一些甜言蜜语总可以吧？但生活中，我看到过很多人，连甜言蜜语都懒得说，一旦争吵起来，却总有一番自己的道理：我内心深爱着你，难道你感觉不出来吗？你感觉不出来就是不够爱我。

说到物质的问题，就来说一说 AA 制。现实社会中的红男绿女，不要把爱情看得纯白如雪，爱情和柴米油盐并不冲突。爱情是双方毫无保留的付出，无论男女，都希望自己被爱得多一些，收获多一些。但，谁又是该付出多一些的那个呢？于是就出现了拉锯战，比如经济问题，很多人在这个问题上都紧紧扯住了一个橡皮筋，到最后，结局到了一个无法挽回的境地，无论谁先放手，还是两个人一起放手，双方都会痛，计较的除了钱，还有“我爱得多一些，还是对方爱得多一些”。

我有个朋友一向提倡 AA 制，她是女强人，认为女人在恋爱中也不需要示弱，于是经济上一定要 AA，你请我一顿饭，下一顿我要请回来，假如是约好出去吃，那账单一定要平分。她的男友不算大男人，觉得这样算得太清楚没必要，在女友的坚持下，也渐渐习惯，觉得挺好。度过了最初的蜜月期，有一天他们分手了，我的朋友向我哭诉：“前不久我生病让他先垫了点钱，第二天还没出医院就找我还，这还算是男朋友吗？”我心里默默地说：都是你自己作的。

AA 制也要克制，过于计较经济上的付出，会让伴侣觉得这种关系非常干瘪无趣，这已经和男女平等无关了，爱情也染上了铜臭，在一起不存在谁养着谁，结了婚也是如此，无论男女都要有独立的经济收入，并且一开始就不要算计小钱，如果对方太算计，先忍受，再慢慢感染他调整，如果对方心安理得一直不改变，再做打算。不计较的爱情才能可持续发展，太计较，矛盾就多了。

爱情中大家都希望和伴侣融为一体，又不自觉地计算自己的付出，不管是感情还是金钱，这样的相处态度，对方也是会感觉出来的，一方没有无私奉献，另一方自然也不会敞开心扉。请不要计较付出的多少，付出爱的瞬间，其实也是在给可接受多少爱的能源补充。

常拿前任刺激现任，这很伤人

『不抱怨的好习惯，不仅净化自己的心灵，也温润人与人之间的关系。

——邱德才』

前任和现任，似乎天生就是敌人，但是对于当事人来说，他（她）们本没有意向为敌，大部分都是因为那个“中间人”处理不好，才导致三个人都不高兴。

对于男人来说，前女友不管是先提分手还是和平分手，过了一段时间，总能想起她的好，于是，前女友和现女友就变成了红玫瑰与白玫瑰。张爱玲说得好：男人，娶了红玫瑰，久而久之，红玫瑰就变成了墙上的一抹蚊子血，白玫瑰还是“床前明月光”；娶了白玫瑰，白玫瑰就是衣服上的一粒饭渣子，红的还是心口上的一颗朱砂痣。

这是人的劣根性，对男人来说尤甚，对女人来说，如果男人对前女友有一丝挂念，她肯定能寻到那一丝“蛛丝马迹”，于是心里就会纠结：他是不是一直忘不了她？他最爱的人是谁？

所以，男人要避免对前女友“余情未了”，我们大多数人的初恋发生在年纪很小的时候，在很大程度上是因为年轻荷尔蒙激素高发的影响，而不是为了找寻共度一生的伴侣，我们也很难弄清楚，到底是真心爱上还是荷尔蒙作祟，这样的想法，更为降低了人能在很年轻时找到真爱伴侣的概率。可是随着男人年纪的增长，有了一定的阅历，并且有了几次不太成功的恋爱，之后选择的伴侣肯定是有安定的心思的，就算依旧没有到安定的年龄，在选择上也会谨慎很多，不会因为一时的心动而行动，这个时候选择的伴侣，肯定是因为深爱才走到一起的。男人们清醒一点，对前女友的那点挂念，无非是“不在手里觉得好”，珍惜眼前人才是正经事。

女人们也是如此，挑男人就像挑衣服，在商店里试穿了很多，最后买回家来，还惦记着试穿的那几件，一旦买回来的衣服有一丁点儿不好，就开始怨叹当初为什么不买别的。这种心理对女人来说再正常不过了，如果说男人怀念前女友是荷尔蒙影响的，女人怀念前男友就是选择困难症发作了，一下子觉得现男友也不错，一下子又觉得前男友有千般好，做人应该明白一件事：好事不可能让你一个人占全了。完美男友并不存在，女人们也不可能个个是林志玲，大多都是庸碌城市中的平凡男女，如果你嫌我长得丑，我嫌你长得矮，一天到晚嫌弃对方的缺点，都别谈恋爱结婚了，拿前任出来比较，怎么不想想和前任在一起的时候，嫌弃人家虽不丑但太肥，虽不矮但太穷呢？

处理前任和现任关系有一个大忌，就是不仅心里想，嘴上还要说，常拿前任刺激现任，这就属于开头说的：前任和现任本没有仇，都是“中间人”来捣乱。好好地谈恋爱过日子，眼前的伴侣和生活都是自己选择的，恋爱中可能会有波折，婚姻中更是少不了柴米油盐的摩擦，这些都是现任带来的吗？选择了前任，这些事情就可以避免吗？

李涛最近对女朋友王怡越来越满意，王怡性格文静、不斤斤计较、不爱乱花钱。李涛也看得出来，女友对自己也很满意，各个方面对自己也是百依百顺的。可没料到的是，就因为一次聚会上自己口无遮拦提及前任，让王怡愤然提出分手，让李涛后悔不已。

事情是这样的，李涛的朋友很多，经常组织大家一起聚会，自然会常带王怡参加。但王怡总是安静地坐在角落，根本不说话，李涛的朋友既不知道跟她说什么，也不敢跟她开玩笑，一群朋友玩起来都显得有些拘束。李涛虽然清楚女友就是这种性格，但心里还是暗暗责怪她破坏了聚会的气氛。

千人千面，每种性格都是可以理解的。但问题的导火线是，聚会之后，李涛话里话外常常拿王怡跟他之前的一些女朋友比较，某小姐多么会玩，某小姐多么时尚，某小姐多么会说话。李涛虽然这样说，其实内心还是十分喜欢女友的，只是希望她能做一些改变。一开始，王怡也尝试着做出了一些改变，但和本性相违，反而搞得场面更尴尬了。而李涛这边又变本加厉地挑剔。

突然有一天，王怡向李涛提出了分手，李涛惊呆了，他一直觉得王怡就是个小绵羊，任他拿捏，怎么会是她甩他？同时想起王怡种种的好，本来他喜欢她就是因为她文静的性格，如今如此挑剔，来拿和别人作比较自感不对。可后悔已经来不及了，王怡的态度很坚决：“和你在一起，我压力太大了。”说完，很果断地与他断了来往。

我常常听到一些中年的人妻当着自己丈夫的面抱怨：我怎么嫁了个这样的人，真是被骗得昏了头了，我以前那个男朋友，现在是大老板，老婆天天锦衣玉食。于是她们的丈夫只能在一边尴尬地笑。每当我看到这样的场面，真想对那个女人说一句：你有那个命吗？大老板的妻子也是从穷的时候相随相伴过来的，人家跟你在一起，说不定就当不成大老板了。就算你当初放弃的是富二代，你怎么知道富二代的妻子背后过的是什么日子呢。

人从来都是各有各的福气，事业如此，爱情如此，婚姻如此，家庭如此。任何事情的和谐都建立在责任心上，珍惜自己的夫妻，人生才能更美好。过去的事情就不要再提，即使有怀念，也不等于有爱，更不等于会一直等待，放在心里就好，不要挂在嘴上，不要用往事伤害现在的爱人。

试图改造对方，只能是费力不讨好

『帮助人，但给予对方最高的尊重。这是助人的艺术，也是仁爱的情操。

——刘墉』

爱一个人就要尊重一个人，尊重就要尊重他（她）的一切：行为思想、兴趣爱好，乃至生活习惯、吃饭的口味等。不要试图改造对方，想方设法地改变他（她）的一切，让他（她）归属于你，这是一种可怕的掌控欲和占有欲。恋人之间，没有谁必须臣服于谁的道理，老天将人造成两种性别的本意是：一个人活着很孤单、很艰难，需要一个异性配偶去帮助他。注意，这里的帮助，不是操控，更不是改造，活在这世界上的每一个人，迷信一点地说，老天让他出生自有意义，哪怕他（她）的一切在另一个人眼里不够好，也是合理存在的。

当然这种模式也不是说无止境地容忍，假如一方真的不可理喻，就应该及时止损，而不是妄图改造他。最好的做法是，在确定关系前，要给自己足够的时间去了解对方，认清他（她）的各个方面。在确定恋爱关系前，可以有一段时间的相处期，甚至朋友期，毕竟有的人适合做朋友，而不是做伴侣，在决定结婚前，更要看得清清楚楚，想得明明白白。

很多男人和女人草率地决定在一起，只因为一时的爱意和热情，即使对方有的言行不是很满意，也有足够的信心以爱为名改造对方，特别是有些女人，常抱着“婚后慢慢改”的想法走进婚姻，最后只能是失望一场。很多人对自己的一些小毛病都改正不了，却苛求着伴侣为自己改变，这是彻底的“以爱为要挟”，维持不了几十年的伴侣关系。男人和女人本就来自两个不同的星球，思维不同，以自以为正确的道理说服对方，期望对方被自己改造，最后给对方造成极大的压力，甚至难以忍受，以冷漠或逃离来对抗，双方身心俱疲，造成关系紧张，如果是身在婚姻中，最后的结局肯定是离婚。

生活中常常是女人希望改造男人，其实男人也常常不自觉地在要求（改造）女人，女人比男人更反感被改造，因为她们比男人需要更多的尊重。很多年前我看过一个童话故事：

国王被一个坏女巫囚禁了，必须回答一个问题才能获救。骑士团向另一个丑陋的女巫求救，丑陋女巫答应救援国王，但她要求成为皇后，国王获救心切，只能答应下来。

坏女巫提出的问题是：女人最看重的是什么？丑陋女巫代国王回答：最看重的是被尊重，自己主宰命运。坏女巫深以为然，于是就把国王放了。

一路上，丑陋女巫护送国王回到皇宫，国王和她朝夕相处，渐渐发现她丑陋的外表下有一颗美好的心。回到皇宫后，国王坚持履行诺言，众人都大惑不解，新婚大典上，女巫面容丑陋得让人不忍细看，国王却对她非常温柔。

晚上，国王清洁沐浴后回到寝室，发现床上坐着一位美若天仙的少女，少女说："我是你的皇后，这才是我的真身，但每天只有一半的时间可以恢复真身，你来选择吧！"国王温和地笑了笑，说："无论是白天黑夜，你丑陋或是美貌，你现在都是我的妻子，你说过女人最需要尊重，所以我不能选择你成为什么样子，你自己来决定你想成为什么样子吧！"美丽的少女笑了，说："现在我选择不管白天黑夜都是美丽的样子。"

当时看完了这个故事我很有感触，感触的是女巫的智慧和国王的幸运，当然还有他俩的爱情。但是随着年纪渐长，我对这个故事又有了另一番领悟，正是国王的尊重成就了女巫的信任，婚姻中的男人女人，想要让对方交心，先要自己交出一颗心，爱人是要被尊重的，不是用来改造的，不是一方希望另一方成为什么样子，另一方就必须接受。

婚恋关系中，男女都是平等的主体，谁也没有权利要求谁为谁改变，而且我相信大多数普通人都不具备这个魅力和能力，所以和爱人之间出现矛盾的时候，不仅要做到求同存异，更要把持和而不同，尊重两个人之间的差异性，有差异才有激情，不是吗？两个一模一样的人谈恋爱，想想就觉得可怕，或者说两个人在一起，一方有思想，把对方改造成自己的“洋娃娃”，努力让他（她）变得没有思想，那就更无趣了。

电影《五月魔女》中的女主人为了造就一个完美的伴侣，肢解了自己的闺蜜、男友，拼凑缝补成一个人偶，多么血腥变态。其实现实中有许多人的心理或多或少都有一点这样的扭曲，只是自己没发现而已，常常听到很多男女在抱怨，说伴侣不理解自己，不愿意为自己改变，于是常常产生摩擦，那些嘴上常说别人不理解自己的人，往往是最不宽容的。

相爱也需要磨合，伴侣不是一个定制的产品，请不要用爱的名义去为难爱人，当然也不要因为爱把自己变成另一个人。两个人在相爱之前，已经有了几十年的生活经历，有了成熟的、整套的人生观和价值观，由此产生了不同的思考方式和行为，尊重恋人的空间，会让双方都感到轻松，要求越高，抓得越紧，爱情就消散得越快。

学会健忘，老翻旧账会让大家都很受伤

『当天的烦恼已经够受的了，不要再想入非非。

——佚名』

女人在爱情中比男人更喜欢翻旧账，男人常常很疑惑，为什么女人老喜欢念叨那些陈芝麻烂谷子的事？也常常很惊奇，为什么女人平时呆呆笨笨的，一到“翻旧账”的关键时刻，记忆力就那么好，一件小事一句话都能记得清清楚楚，过段时间又可以被一句无关紧要的话语勾起回忆。为此，男人们常常很苦恼。

让人苦恼的行为，就值得当事人反省了，爱情应该是新鲜而甜蜜的，即使是在一起多年，新的一天都应该如初见般充满爱意，爱情也是琐碎而波折的，矛盾摩擦无处不在，但过去了的就请让它过去吧，每个人都有犯错的时候，没有必要时刻都记在心上、挂在嘴边，除非你真心想要结束这段关系。

女人们也很委屈：不是我想翻旧账，实在是忍不住啊！男人情感粗放，而女人情感细腻，因此男女在处事方式上有着很大的差别。男人对一件事情不满意，会直接将情绪发泄出来，比如男人大发脾气，但脾气发完后，女人认错了，或者说没有认错，表现出一副被吓到的样子，基本上就心软了，觉得可以翻过去了；而女人当时表现得风平浪静，其实内心却早已波涛汹涌，暗暗留下很深的心理印记，一点点刺激，都会把刺激的事情深深埋在心底，且经久不忘，深藏心底的情绪越积越重，直到有一天，某件事触发了她们的情感，可能是男人不经意的一句话、男人一个不耐烦的眼神、一次怠慢的接送，她们就会借题发挥，将以前的怨恨在这一次一并发

泄出来，也就是所谓的“翻旧账”。

要避免这种行为的产生，可以从心理根源上来分析。女人一般都有很深的怀旧心理，比如生活中单身男人的房间一般空空荡荡，都是实用的东西，但单身女人的房间却十分堆砌，有用的有，没用的有，不管有没有用，她们都会收藏着，也正因为这种念旧的心理，女人对于事情也喜欢藏在心里，旧事不计，旧事不提，只能是憋坏了她们。

而女人特殊的记事方法，也助长了她们的“翻旧账”。女人对事物记忆往往不注重整体的逻辑，而是倾向于片断印象，她们常会记住种种细节，记住男人哪天曾不耐烦，而忘了男人当时为什么不耐烦。除此之外，女人爱唠叨、斤斤计较的天性也是造成爱“翻旧账”的原因，女人诚然可以通过“翻旧账”来宣泄内心的不满，但次数过多的话，必然会让男人感到厌烦，也许最初会让男人感到内疚，随着次数增多，这份内疚也会在女人不断的指责和抱怨中消散。女人们，请不要用“翻旧账”来体现自己高超的记忆力，更不要经常以此来“说服教育”男人们，学会健忘，不开心的事记多了，气愤的是自己，要时刻做一个宽容、大方的女人，男人反而会产生压力，促使其逐渐进步。

其实无论男女，面对伴侣在争吵中“翻旧账”或者莫名“翻旧账”，都只是寻求被爱的一种方式。女人通过“翻旧账”的方法来发泄自己的情绪，表达对男人的不满，希望男人能够了解当时的失望，也回忆起在过去事件中所感受到的委屈；男人通过“翻旧账”来震慑住女人，提醒她也犯过错，希望女人能够更宽容。通俗地说，这其实也就是诉苦的一种方式，在“翻旧账”的过程中，翻的人是在向伴侣传达这样一个信息：你过去就对我不好，现在你竟然还是这样对我！

这么想一想，也许就能释怀一点，自己体会到被人“翻旧账”的苦，也请少翻点旧账吧！平日里哪对夫妻或恋人一辈子不吵架呢？既然绝大部分伴侣都会历经矛盾，甚至吵架，那么在闹矛盾的时候，最好是有问题当场解决，不要留下隐患，避免下次争吵时，明明是另一件事，又把这件事拿出来说，怒气就加倍了。

比如：

“周四晚上你到底去了哪？你跟我说是去加班，可是我今天问了你同事并没有！婚前你就爱和你们公司的会计勾勾搭搭，那天晚上是不是跟她在一起！”

“这个包是哪里来的，是不是又刷了信用卡，我不是让你剪了卡吗？怎么又办了一张，你还得起吗？”

……

此类言论，换个角度为对方想想，谁愿意听这种不留情面的话呢？谁愿意因为犯过一次错就背上枷锁呢？先弄清情况，也许那个晚上外出，他只是有老朋友聚会，不想跟你啰嗦，也许她的这个包包是接了一次私活赚到的。吵架的时候两个人都没有好的心情，这时候任何一句无意的话，都可能是一根刺，扎到对方心里，何况是故意“翻旧账”？不分青红皂白地揭开伤疤，就算对方已经改正了，也会觉得委屈和不值得，于是破罐子破摔，走上老路。

当我们对一件过去的事情还没完全释怀的时候，这就需要在双方都心平气和的时候耐心地倾诉，不带批评、不带指责、不带伤害地讲出来，而不是把它作为筹码，在争吵的时候抛出来攻击对方。

口不对心地把“分手”挂嘴边，当心弄假成真

『坦诚是最明智的策略。

——富兰克林』

身边有些年轻的恋人，常常为了一点鸡毛蒜皮的小事就轻易地说：“我要跟他（她）分手。”就这么随便地说出来，一般都不会马上分，于是经历了痛哭、纠缠，最后留下一段并不美好的回忆，在一段感情来临时，又周而复始地重复着这种游戏。说游戏，并不是不严肃，也许在有的人眼里，恋爱就是一场游戏，这种不严肃的思维严重干扰了他们的行为。我看到过很多例子，一些恋人、夫妻因不合走到爱情、婚姻破裂的边缘，在之前的矛盾和冲突中，一旦“分手”、“离婚”这样的词出现，就会被越来越频繁地使用到，最终如同念魔咒一样，念叨得多了，渐渐就变成真的了。

恋爱、婚姻是男女气场交融、磨合的过程，而在这个过程中，很多言行就会成为“因”，在今后就会导致一定的“果”。一旦有人从嘴里吐出“分手”二字的时候，就是在两个人之间种下了一颗邪恶的种子，矛盾变成了最好的养料，在一次次的争吵和愤怒中，这颗邪恶的种子悄然发芽、生长，直至有一天说的那个人会惊讶地发现，它已经结出了一颗硕大的邪恶的果实，侵扰了两个人的感情，并且已经无法挽回了，于是开始后悔——随口说出的两个字，居然能够有如此邪恶的力量。

我十年前认识一个女孩子，年轻漂亮，追求者遍布各个阶层、各种年龄，只要她

愿意，她每天都可以跟不同的男朋友交往。这样的条件和经历，养成了她骄纵的性格，只要稍加不满，她就会对这些男朋友说“分手”，最开始她还有着年轻娇艳的外表，所有的男人都吃这一套，诚惶诚恐地害怕她生气。她终于结了婚，她的丈夫也很疼爱她，但是婚后的她还是一样，只要她有一点点不满意，就会用离婚来威胁。男人们都是息事宁人的，现在这社会，找个老婆不容易，好不容易娶到个“小公主”，受气就受气吧！她的丈夫渐渐习以为常，忍耐成为了他俩相处时的必备品。十年后有一次丈夫在做家务，因为没有把脚垫放正，妻子大发雷霆，加上丈夫又不小心顶了几句嘴，她按惯例抛出了“撒手锏”：离婚！可是这一次，丈夫只是沉默了一下，居然答应了，说你这么不想跟我好好过，那就离吧！于是事情如溃堤般不可收拾，一场闹剧一场空，这次是丈夫坚决要离婚，曾经漂亮的女孩子也变成了不再娇艳的妇女，并且是“离婚妇女”。她也曾想找个好男人重新开始，可是挑剔的品性和恶劣的性格却不是一朝一夕能改的，屡屡失败，从此一蹶不振，像做梦一样把后面的人生都毁了。看着她向我们哭泣的脸，我心里想：再好的丈夫也经不住这么多年的要挟啊！

爱情与婚姻的长久，需要正能量不断输入，尽量减少负能量的侵害，夫妻之间发生分歧，是再正常不过的事情，圣人也避免不了，但一定要控制好度，逐渐消除负面影响，大吵大闹、动手打人，或者生闷气、冷暴力，这些负能量的侵害非常强大，而最后再抛出一句“分手”或“离婚”，无异于给对方下了一个“通牒”，对方感受到惶惑和威胁，更是火上浇油了，也许一开始会有惊吓的作用，但用多了，对方疲倦了，也就觉得分开是最好的选择。人在处理感情问题的时候，一定要心怀正念，宽容、沉静、包容，不要用“恶念”去伤害爱人。

对于那种动不动就把“分手”挂嘴边的人，根本不值得挽回，不如收回心思，去找下一段姻缘，这不是绝对，也不是残忍，在我的观点中，任何一个轻言分手的，都是一个不懂得珍惜的人，人要对自己负责，要把爱和一生交付到懂得珍惜的人手中。爱的历程中，谁也不能保证它一路顺风，每一对爱侣都将面临一次又一次未知的挫折与障碍，我们需要的是一个能与我们肩并肩的爱人，携手渡过每一个难关，翻越每一个障碍，而不是被一个波折就吓得轻言放弃的懦夫。

恋人们啊，“分手”二字的分量很重，在开口前，请想好你是否有能力对这两个字负责。爱情、婚姻有道，一种姻缘，一家一个情况，家家有本难念的经，不能粗暴笼统地用威吓爱人来解决，一定要提前防范，采取措施化解隐患。即便遇到真正棘手的问题，也要冷静对待，不要一开始就大吵大闹，把事情扩大到难以挽回的地步，杜绝自己和爱人说出“分手”两个字。

人非圣贤，岂能无谎？请原谅对方无伤大雅的谎言

『有时候，谎言很美丽，她的名字叫“善意的谎言”。

——米·露西·桑娜』

谎言是每个人都讨厌的，但也是每个人都说过的，并且也是每个人都需要的，如果没有了谎言，也许就不足以维持日常的人际交往。

人们之所以要谨言慎语，是因为不懂得说话往往会造成不好的影响，甚至是伤人伤己。比如病人病情严重时，我们说真话反而会使他的病情恶化。再如，一个人出门在外，日子过得艰难，如果口无遮拦，跟父母实话实说，只会让他们担忧，却不能解决实际问题。还有，一个你不喜欢却又不得不与其交往的人，你直接说出自己真正的想法时，对方即使不生气，也会对你敬而远之。

语言有时就像一把冷冰冰的尖刀，让人觉得心寒，更容易使人陷入尴尬的局面。而注意了语言，有时却可以维护别人的面子，给人一份好心情，能够使对方产生认同感，同时也可以为自己获得一个好的人缘。

一些耿直的人，喜欢实话实说，常常让人觉得太过莽直、锋芒毕露。但人在通常情况下，都喜欢听好话，不愿听到伤害自己的话。在特定的场合显示一下自己的锋芒，是很有必要的，但如果太过，不仅会刺伤别人，也会损伤自己。

看过《三国演义》的人一定还记得那个自以为聪明的杨修，他之所以不得好死，就在于他不懂得人性的阴暗，特别是对于曹操这种妒才之人。杨修自作主张，把曹操写着“一盒酥”的点心与大家分着吃光了。这让曹操心生妒忌，总想找个机会把杨修

给办了。后来，曹操在汉中战场与刘备交战处于不利地位，因为说了一句鸡肋，而被杨修看出自己有退兵的意思。这事被杨修口无遮拦地说了出来，曹操便借口说他扰乱军心，就把他杀了。杨修自以为聪明，却不想一想，真相一旦被揭穿，对于一人之下、万人之上的丞相而言，威望的损害是巨大的。所以，杨修不死不行。因此杨修聪明反被聪明误，付出了生命的代价。可见，说出真相往往是需要付出相当大的代价的。

凡事追求真相，是我们的天性，但所有事都要追求真相的人生，是绝对不会得到安宁的。下面这个寓言故事值得我们去深思。

一名因受到欺骗而伤心透顶的男子在大街上散心。他在街头看到有一家商店货架的牌子上写着各种各样的“真相”。他感到很奇怪，便走了进去。

在一个柜台前，他问店员：“这是卖真相的商店吗？”

店员答道：“是的，先生，您要买什么真相？部分真相、相对真相、统计真相，还是完全真相？”

他不假思索地说：“我要买完全真相！”

“对不起，先生，您知道买完全真相要付出多少代价吗？”店员问道。

“不知道。”他嘴上这样说，可是心里想，为了买到完全真相，不论多少代价我都愿付出。

店员告诉他，如果他要买走完全真相，需要付出的代价是自己永生不得安宁。他听后大吃一惊，急匆匆地走出了商店。他有些悲哀地意识到，他毕竟还需要一些借口把某些他还没有能力直面的真相掩盖，以免遭受伤害。

口无遮拦的后患总是无穷的。即使本来不是原则问题，比如对事物的看法，对世界的认识，对矛盾的处理，对某个问题解决之道的不同见解，但常常都有可能因为你口无遮拦，付出惨痛的代价。就算是在朋友、恋人、家人面前，不讲究方法，直截了当地要说就说，即使道理再对，也一样可能产生并不理想的效果。因为人性中有许多难以克服的东西，如虚荣心、自尊心等，一不小心就可能会伤了他们的脸面。因此，我们在家庭中也常常发生矛盾，有些道理怎么也讲不通，难以分辨是非曲直，虽然说的是真话，也无济于事。之所以会产生这样的结果，关键就在于我们把话说得过于直白和尖锐，伤了别人的面子。可见，话不是什么时候都能说的，如果坚持口无遮拦，需要的不仅是勇气，还有你必须要付出的代价。

有时候，虽然我们如实地说出自己的想法，明确地拒绝或者坦诚地否定，但是对方未必欣赏你的诚实，也未必理解你对真相的尊重，反而会认为你是对他有意见，不给他面子，故意给他难堪，自然不会对你有什么好感。就算是明知你说的是忠言，可是因为逆耳，也会恼羞成怒，以后一有机会就会以牙还牙，成为你的敌人。

电视剧《闯关东》里有这样一个情节：

夏掌柜带着伙计到穆公家赴宴。穆公夸了伙计一句，还请他一起落座。席间，夏掌柜提出一个问题："经商第一要紧的是什么？"

有人说："那还用问？就是赚钱呗！"

夏掌柜道："以我之见，应当是诚实。然则不是无原则的诚实，是巧妙地运用诚实，也就是说，在适当的时候，以适当的方式，对适当的人说实话。经商的人免不了圆滑，可是如果一味圆滑，和实话不沾边儿，就无异于自弃于市。为什么？谁还愿意和一个永远虚伪、不说实话的人打交道呢？可是一味地诚实也不可取。打个比方，穆公方才请我的伙计落座，究竟是出于真心还是客套？若按真心就应当说：'你是伙计，没资格落座。'这不就伤了孩子的自尊？穆公说得就很得体，前一句夸奖是实话，后一句请坐就是客套。"

夏掌柜的话与英国人文主义者阿谢姆的观点不谋而合，阿谢姆说过："在适当的地方说适当的谎言，比伤害人的真话要好得多。"可见，在为人处世方面，很多行为不能一概而论，关键是一要看当时的境况，二要看引起的后果。为人的难度，关键就在于把握好这种尺度。

不过在一些大是大非的原则性问题上，我们就必须勇敢地说真话，不管要付出的代价有多大。善意的谎言可以运用到生活的各个方面，套用古龙那句话，有人的地方就需要善意谎言的作用。人非圣贤，行走江湖，岂可无谎言？特别是以达到善意为目标的好话，像情侣之间的甜言蜜语，能润滑夫妻感情；人处于尴尬境地，用谎言铺垫一个台阶，救场如救火，给予自己和他人圆场；在他人缺乏斗志、丧失信心时，用激励性的谎言可以重燃他人斗志……

善意的谎言无处不在，它考验的是人的心志与智慧。谎言在现实生活中既然不可避免，因此，就不必太过于较真生活中那些无伤大雅的小谎，因为有时候这是他人对自己的尊重。人际关系是相互的，我们每个人都有责任以善意为出发点运用语言之妙自我保护，同时也是一种维护他人面子和尊严的智慧。

“腻”爱不可取，没有空间的感情会令人窒息

『平淡而到天然处，则善矣。

——葛彷』

结婚三年，萧文和丈夫的关系越来越差，原因无他，就是因为她管丈夫管得太紧，丈夫表示已经到了咄咄逼人的地步，压得他喘不过气来。有一天，矛盾终究还是爆发了！那天萧文刨根问底地追问丈夫新结识的一位异性客户时，丈夫忍无可忍地同她大吵了一架，甚至提到了离婚。

一气之下，萧文回了娘家。

萧文是单亲家庭，全靠母亲一人开“小饭桌”把她养大，萧文回家后向母亲诉苦：“我是怕失去他才把他管那么严的，他这次为何发这么大的火？”萧文心里又生气又慌乱，但母亲只是静静地倾听着，当她发泄完自己心中的不满后，母亲却没有说什么安慰的话，而是扭头示意萧文看墙壁：“墙白不白？”萧文不明白母亲的意思，但还是看着墙壁点点头：“挺白的。”母亲转身把墙上的小小写字板拿了下来，对她说：“你先回家，三天后，你再来看。”

萧文忍气回了家，三天都是和丈夫不咸不淡地相处着，关系没有任何缓和之处。三天后，她再次回了娘家，那面原本洁白的墙壁上画满了各种图案，准确地说还不是图案，只是各种奇形怪状的线条，母亲说：“看，这就是那些调皮的小朋友画的。”母亲的“小饭桌”一向生意很好，萧文也知道，可是这些小朋友怎么会突然这么调皮起来？母亲没作声，重新刷白了墙壁，把小写字板又挂了回去，对萧文说：“你

先回家，三天后你再来看。”

三天后，萧文再来的时候，墙壁保持了洁白，小写字板上就涂画满了。母亲对她说：“你明白了没有，如果没有这块写字板，小朋友会侵犯所有的空间，墙壁是不会保持这么白的。你结婚好几年了，也不小了，还不明白吗？给对方留点空间，你才能保持自己空间的完整性，你们的婚姻才有余地。”

这个故事是真人真事，鲜明地代表许多现代人的婚姻，在恋爱或者婚姻中，给对方空间就是给自己空间，太腻的关系总有一天会像橡皮筋崩断一样，请尝试着放弃一些管束、侵占、紧贴，给伴侣一点儿私人领域。故事中的萧文在母亲的提醒下领悟了这个道理，回家之后改变了与丈夫的相处方式，丈夫也惊讶于她的变化，反而主动地说了不少心事，两人重归于好，关系更甚从前。

很多人都有一个毛病，特别是年纪比较轻的男孩女孩，在热恋中总想把伴侣归为己有，变成“私有物”，不给对方一点空间，自以为这是爱的表现，实际上无非是占有欲、掌控欲。自私会失去很多东西，包括爱情，真爱是需要给对方空间的，太过黏腻的爱马上就会变质，爱也需要保鲜。

不要让你爱的人觉得无时无刻不在受人观察、监视，并且行为也要被人指挥、命令，特别是对男性来说，这种行为会让他烦不胜烦。女性一恋爱，也许会无时无刻不想着男朋友，于是要求男朋友随时待命，随叫随到地陪她聊天，男性则不会，他们的思维划分很清楚，什么时候该想女朋友，什么时候该工作，什么时候该和朋友在一起，在这样的思维下，他们分给女朋友的时间不可能是“全天候”的，如果要求他随时待命，干扰了他别的事务，他就会觉得：这个女人一天到晚就没有一点儿正事做吗？这样的想法日积月累，就无法平等相处了。

除了现实中的“空间”，还有虚拟的隐私“空间”。许多爱侣在热恋中会交换各种账号的密码，如果双方都愿意，这样还比较和谐，初期是没有矛盾的，久了也会觉得压抑和窒息。如果一方不愿意，另一方硬要要求，那就矛盾重重了。前不久就发生了一桩惨案：女朋友将男朋友练了三年的游戏账号一朝删除，男朋友一怒之下将女朋友分尸！我相信这桩惨案的男女主人公在最开始热恋的时候，是非常亲密的，不然女朋友也不会知道男朋友的游戏账号，可是这样的“腻爱”，最终让两个年轻人都守不住界限了，爱没有了，只会相互伤害。

生活中最常见的是“通信账号”矛盾，如 QQ、微信、电话簿，我亲眼见过不少男朋友不肯将通信账号的密码给女朋友，于是双方大吵大闹要分手，其中还有不少已婚人士。一个朋友告诉我，他之前的女朋友就是掌控欲太强了，希望全方位地了解他，美其名曰：我爱你，所以我要了解你。这种无处不在的爱让他十分头痛，比如在他这边登着 QQ，莫名地提示有人在另一个地方登陆，不用说，这肯定是女朋友在审查他了。自从他交了这个女朋友，都不敢在所有的社交账号上随便说话了，哪怕是他微博下随便的一个“赞”，只要是女性的，女朋友都得旁敲侧击半天，女朋友还将他 QQ 上一些说话比较亲密的异性朋友全都删除了，这些朋友都是多年的同学、发小，搞得男方在朋友圈中十分不好做人。终于有一天，女朋友将他堂妹的电话屏蔽了，后来给的理由是“这个名字我不知道是谁，通信记录又太多……我又不好意思问你，怕你觉得我管太宽”。而男方为了防止电话丢了被人诈骗，习惯将家人也存成姓名，女朋友也习惯地这么一屏蔽，朋友没注意。不久，他的爷爷摔倒进了医院，因为没有及时收到消息，于是消息又转了两道手，他的妈妈将他大骂一顿。这件事情之后，我这个朋友思前想后，决定还是分手……

恋爱的时间久了，当热恋不在进行了，很多人觉得没有激情了，但随之而来是另一种细水长流的幸福，并不是不爱了，而是爱得更深厚了。所以，那些喜欢“腻爱”的人，过早地将“爱”挥霍干净，浓烈得让双方都窒息，于是到了后期，“爱”就没有了，再稀释也没有了，给对方一点空间吧，他（她）的世界里不止有你，这个世界还有许多有趣的事，不要将爱情抓得太紧，忽略了其他的美好。

小心“真心大考验”的瘾动摇了感情的基石

『爱的最好证明就是信任。

——Joyce Brothers』

男女结为爱侣，最重要的就是相互信任，如果带着一种病态的心理去发掘恋人的未知和秘密，考验他是否真心，经常出现一方对另一方实施“考验”的现象，那么这对爱侣必不长久。比如用苦肉计试探对方的关心，故意不联系让对方着急，编造不堪的过去检验对方的诚意，无理要求测试对方的底线。诚然，这都是因为没有安全感导致的，可是“考验”的一方有没有想过一件事：考验是因为爱，还是为了证明自己的魅力？

真爱是不需要考验的，再深的爱也禁不起考验，特别是人为制造的考验。我们都是平凡人，不用去经历类似战争离别的考验，是一种幸运，何必要自己找不痛快，制造“考验”来挑战爱人的心呢？我的助理那天一上班就黑着脸，询问之下发现是男朋友忘记了他们恋爱一周年的纪念日。我很奇怪：“既然你如此在乎，为什么不提醒他一下？”助理说：“我就是要考验他啊！考验他的心意。”我没说话。过了一段时间，助理和男朋友分手了，纪念日的事情就是导火索，男方一直也不知道女方为什么生气，哄了很久都无果，最后吵了起来女方才把事情说出来，两个人有了隔阂，关系越来越淡，最后终于没有在一起。过了半年，男方结婚了，助理的情绪很低落，我问她：“既然你们分手了，双方都不爱了，应该祝贺他。”助理闷闷地说：“不！我还爱着他。纪念日的事，我后来才知道，那天他的生意合伙人准备撤资，急得焦头烂额，根本没心思想别的事。而这半年来，我也在等着他回头，我相信他也还爱我。”我问：“所以你和他分开，半年对他不管不问，也是在考验他吗？”助理点点头。

在爱情中，“作”是一门学问，不“作”好像就没有味道了，但是“作”过头了也不行。美国一位心理学家表示，大多数人考验恋人是一种心理需求，往往是在热恋中出现，热恋是爱得最浓烈的时候，反而最容易让人没有安全感，当一方内心感到不安全，害怕被对方拒绝或者抛弃，于是迫切地希望得到对方的保证，各种各样的考验就开始了。潜台词是：“如果你爱我，你就会……”想让爱人表现出在乎，意味着对方要做一系列反应，来产生一种安全感，这样的行为是不是太自私了一点？比如考验对方是否记得一些莫名其妙的“纪念日”：第一次见面，第一次接吻，第一次一起逛街……人们都喜欢按照自己的原则做事，你自以为甜蜜的考验不一定适合别人，女人和男人的思维有天壤之别，即使是相处很久的爱侣，也一定有同样的处事原则，事实上，许多恋爱双方的做人原则相去甚远。

很多人这么认为：我们是恋人，应该是心意相通的，什么事都有心灵感应。这未免太没有科学道理了。对方如果是真心爱你，自然会有各种爱护行为，但这种爱护行为是基于他（她）自己的思维，也就是说，他（她）认为这样的是你所需要的，而不是透过你的脑子看透你的需要后表现出来的。这里涉及一个默契问题，为什么相处越久的爱侣越有默契？就是因为他们通过长期的相处磨合，大致熟悉了对方的行为习惯、思维模式，知道每一个小表情，小动作代表什么，于是能做出比较正确的反应。请注意，这里只是“比较”正确，即使是相处了几十年的两口子，也不可能完全了解对方在想什么，人类的思想是非常复杂的，所以不要指望恋人可以完全正确地领会你的心意，自认为可以通过种种考验，激发出他（她）知道你在想什么，这是非常不现实的。

爱要大声说出来，想要什么请直说，爱侣之间也需要一点儿直白。另外，也不要胡乱揣测恋人的心意，更不要整天唠叨——你爱我吗？你到底爱不爱我？这样的话一天说上三遍，再爱也变得不爱了。

说到爱情忠贞度的问题，许多恋人、夫妻就纠结在这件事上面了，大多数的考验也是因此而起——爱人不爱我？爱的是另一个？我觉得这样的考验没有必要。假如他（她）不够忠贞，本来就没有胜算，考验必定是自讨没趣的，不够稳固的爱情，即使没有考验，也会在短时间内消亡。假如爱人本来就是深爱你的，刻意安排某事、某人去考验他（她），一旦被他（她）发觉你的怀疑和算计，他（她）的内心会很受伤，很委屈，这势必会影响两个人的关系，遇到性格强硬一点的，马上就会单方面结束这段感情。

考验一个人很简单，问题是你能接受考验的结果吗？是坏的结果，你痛苦不堪；是好的结果，你内疚不已。总之都是烦心的，还要时刻提防着露馅儿，很累、很压抑。所以不论在恋爱还是婚姻中，付出真心是对的，但是花太多心思，只会让人失去自我。

真心大考验，无论是什么结果，都是给爱情蒙上了一层欺骗，好的坏的，都要那个考验的人来消化，只会让不安全感进一步加深，于是越来越怀疑对方。被考验的人一旦发现，会感到恼怒、无助、困惑，不知道该怎么做才能证明自己，一段感情到了这种地步，其实就是在相互折磨，分开才是最好的选择。

嘴上留情，不做“刀子嘴”恋人

『清醒之时心里事，沉醉之时口中言。

——约·黎里』

女人都是刀子嘴豆腐心，喜欢把黑说成白，把正说成反，把好说成坏，把爱说成恨，有的时候喜欢耍性子，其实嘴上说的和心里想的不是一回事；男人是木头疙瘩，有的时候粗鲁又愚笨，说出来的往往不是自己心里想的。每个人面对自己爱的人，都变得愚笨之极，少不了口是心非的时候，有的时候会让对方很烦躁，其实他（她）们自己心里也很烦恼。所以，面对爱人，也要学一学说话的技巧，日常中别忘了嘴下留情，别让刀子一样的话伤到了爱人。

人生四季，谁都会经历阴雨与霜雪，生活的岁月，给大多数人的是困苦与挫折。恋爱、婚姻是生活的一部分，除了激情，自然也有很多矛盾和苦困，既然在最初相识的日子里能够包容爱人的缺点，为什么在共同生活多年之后，本该更加理解生活的真谛，却总是恶语伤人呢？难道是因为没有爱了？其实并不是没有爱，是没有那么拘谨了，一旦不拘谨就放得太松，放得太松就没有那么顾忌爱人的心情了。爱情如苗似花，需要的是水分与阳光，它才葱茏茂盛，施以开水和阴暗，爱情必然萎靡不振，生活自然也是不幸福的。

有的人说，恶语出口，有时候并不是为了伤害对方，只是用稍微强硬一点的语言敲打一下对方，希望对方知错能改，这是典型“对别人较真，而自己不懂反省”的想法，产生不了正面效应。

很多人不明白这个道理，于是常常百思不得其解，为什么明明很相爱，却要彼此伤害，恶语相向，或一再冷战，有些不了了之，有些越发激烈，有的直接结束这段关系，这都是一个人闹不起来的，必定是两方都不宽容，不肯说句软话，最终造成局面越来越恶劣。

世界上没有两滴相同的水，相同的人就更难找了，即使是恋人或夫妻，也是独立的个体，注定了他们的认知方式不同。不同的认知导致了不同的性格，懂得磨合和面对的人会选择用正确的方式来协调，不懂改变的人永远只能用自己的模式变本加厉地攻击伴侣，结果可想而知。

许多人一旦坠入爱河，心理就退化到婴孩时期，这也就是为什么有人说：爱情让我变得像个孩子。他们期望任何需要不要开口，爱人就能心领神会，并且也要像父母一样，无条件地接纳、照顾、包容，这当然是不可能的，在一起不等于变成肚子里的蛔虫，于是就会出现供求不对等的现象。同时又觉得对伴侣说话应该和父母相处一样，不用顾忌太多的语言技巧，但伴侣毕竟是个“陌生人”，他（她）们结识你的时间毕竟没有父母那么久，自然对过激的言语没办法毫无底线地包容。

人都是要面子的，并且有一部分人是死要面子。即使在亲密关系里，有的人为了那尊贵的面子，宁愿让对方受伤，嘴上还是不甘示弱，不愿意道歉，最终彼此都受伤了，这样的认知是非常错误的，道歉不是软弱，反而是另一种强大，在爱人面前，还要区分谁强谁弱吗？

恶言恶语不仅在私底下要注意收敛，面对外人的时候更要注意收敛。如果一方经常当着外人的面讽刺、挖苦伴侣，这是一种非典型感情伤害，虽不一定是有心的，有的是面对外人说的自谦之词，但一定要把握好度，否则长此以往，必定会把夫妻间的情意消磨得一干二净。

这个周末，我在街上遇到了老周和他的爱人。当时周夫人穿着一件新买的大衣，我风趣地称赞她：“嫂子这身衣服漂亮啊，老周送的吧，简直是十八岁的小姑娘啊！”周夫人听了这话，先是一笑，接着嘴一撇：“指望他，结婚这么多年了，袜子也没给我买过一只啊。”顿时老周的表情尴尬起来，我也尴尬起来，直到扯开话题后，老周的脸色还是发僵。

每个人都有追求平等的本能，你攻击了别人，就要做好被人攻击的准备。在外人面前对爱人恶语挖苦，伤害是加倍的，这就埋下了一颗不善良的种子。这样的行为多了，再宽容的人也会有火，于是就引发了以牙还牙的相互攻击，如此恶性循环下去。

人都有自我防御的本能，放在爱情中主要表现在两个方面。一是人们拼命地维护原本的那个自己，认为自己的道理是对的，不愿意改变观念，屏蔽外界的干扰。二是不愿意也没有勇气去承认自己有待改善，这样故步自封是一种防御，而这样固步自封又往往伴随着固执，于是对别人要求太较真，看不到自己的问题在哪里，或是明明知道却装成不知道，没有勇气去承认并做出改变。在一段亲密关系中，用这种防御的方法去处理和爱人的关系，非常消极，于是出现了恶语相向，甚至拳脚相加的结局。

人要不断进步，就不要掩盖脆弱的自己。用恶言恶语攻击别人，并不代表你比别人强大，当对方攻击过来的时候，不要本能地还回去。因为人最强大的防御攻势是保持理智，说最客观的话。

每个人的经历不同，塑造了不同的性格特点，如果有缺陷，请尽快修复，不要让最亲密的爱人承受这种缺陷。也许你够幸运，找到一个能够容忍你恶言恶语的爱人，但幸运不是每个人都能拥有的，许多人伤害了自己爱的人，自己也需要背负着那些伤痛继续前行，此后一生再也找不到让他痊愈的人。

将芝麻小事升级为势不两立的“战争”，这是在犯傻

『理智的人使自己适应这个世界；不理智的人却硬要世界适应自己。

——萧伯纳』

女人用无理取闹的行为来表达愤怒时，真正的需求是希望得到更多的温柔和亲近（关注、拥抱、抚摸）；一个平时温和的男人，突然非常愤怒地表达自己，是有太多的委屈郁结于心。爱情中的两个人应该是对方的律师，而不是法官，我们要学会读懂爱人的心，读懂对方的情绪，读懂他内在的需要，给予认可和理解，做出最正确的反应。但我们谁都不会读心术，所以沟通是通往爱人心中的最佳途径，沟通顺畅了，两个人才会有真正的默契。

很多人都有过这样的经历，因为一点儿小事和爱人大吵一架，回过神来想：我刚刚在吵什么？我为什么要吵？于是觉得为这么点儿小事吵起来没必要，简直太可笑了，后悔不已。不要将爱侣之间的小矛盾升级成大摩擦，没到非吵不可的程度，最好还是不要吵，否则不仅伤神，而且伤心。有争执时，先给对方一个温暖的拥抱，而不是去争论“谁对与谁错”，一个拥抱所表达的东西，胜过千言万语的争论。

避免为了小事争吵的首要秘诀是：先处理情绪，再处理事情！避免用“你如何”、“你应该”的句式，先倾听爱人的指责，分析他（她）到底想要什么。以“你”为开头的句式，代表着攻击与谴责，用这种句式说话，说正事也能变成“控诉会”，大多数人在这样凌厉的攻击面前，第一反应往往是防御，捍卫自己，反攻对方，如此怎能不吵起来？此时更需要认真地倾听对方讲话，千万不要随意打

断，把“你”字句式改成“我”字句式，这能够有效地解除他的防御体系，从而进行有效的沟通。

做人要学会大事化小，小事化了。在生活中，很多事情本来就是些芝麻绿豆的小事，情侣、夫妻吵架的原因千奇百怪，大到国家经济，小到谁该洗碗，并没有什么原则问题，只是在气头上谁也不服谁。人都应该有点幽默感，而不是只会干巴巴地抛出大道理，来点儿冷幽默吧！老婆叫你滚，就在沙发上打几个滚；丈夫说新买的衣服太丑，就故作认同地说“我也觉得应该拿你的信用卡再去刷几件名牌”，幽默是谁都不会讨厌的，小事的争吵，幽默一下很容易就化解了。

女人有时候可以装可爱，没有原则性的问题，就对男人撒撒娇吧，在他生气之前肉麻得他不好意思生气。强势的女孩子总是讨不到喜欢的，情人眼里出西施，一见那副可爱样儿，铁打的心也会软化。

男人有时候也可以耍耍赖皮，装可怜说一句：“我不知道我哪里错了，但我惹你不高兴了，就是错了，你打我骂我都可以，就是别生气了，我心疼。”看起来是避重就轻，其实却很有效果，本来就是小事，女人的心很软，耍赖皮、装可怜惹得她母性大发，一般女孩子都没有办法继续生气，更给了她台阶，又岂能不给你面子让你下台阶呢？

小打小闹是情趣，势不两立就是伤情了，将争吵带来的情感伤害降到最低，保持理性，不要轻易攻击别人的痛处。把矛盾变成调情，要采取积极一点儿的态度来面对，谨记“敌进我退、敌疲我打、敌退我追”这十二字箴言，像踩“跷跷板”那样，找到那个平衡点，自能“化力气为糨糊”，比大吵大闹都管用。除了十二字箴言，避免将芝麻小事升级成“势不两立”还有许多技巧，比如：热吵不冷吵；就事论事不翻旧账；文斗不武斗；文明发言；严禁在公共场合吵；坚决不说“分手”和“离婚”；当时事当时完结……

小争小吵只是情绪上的一点儿发泄，如果谁也不肯先低头说第一句服软的话，就像是一场赌博，在赌谁爱谁更多一些，赌谁先选择包容，冷掉的却是耐心和感情。爱情需要磨合，需要沟通和妥协，只要有心，小争小吵都是可以避免的。诚然争吵有一部分正面的作用，但是再正面，一天“小吵三次”，再好的关系也“炒”焦了。

无论男人女人，都要明白一点，世界上没有任何一个人是为你量身定做的，那个人不是因为你而出生、而存在，亦没有任何一对情侣不存在任何分歧。两个不同的人，争吵或许无法避免，但要记住，争吵只是过程和方式，并不是目的和结果，芝麻绿豆的小事，就像冗长生命中的一点儿浮沉，用一点儿智慧，甚至是一点儿小赖皮、小奸诈，学会在小争小吵中妥协，不要把事情放大到谁都控制不住的地步。

学一学只赢不输的“双赢吵架法则”

『一致是强有力的，而纷争易于被征服。

——伊索』

夫妻吵架在很多人看来是一件坏事，其实任何事情都有两面性，吵架也有吵架的好处。吵架可以发泄抑郁的感情，降低压力，减少紧张，缓和气氛，与此同时，吵架还能使双方彼此协调，了解相互间的差异，使夫妻关系进入一个崭新的境界，达到一个平衡点。其实只要掌握了“双赢”的吵架法则，夫妻双方都是“只赢不输”的。

再美满的爱情和婚姻也避免不了争吵，从来不吵架的夫妻，多半都是形式婚姻，或者是麻木地维持这段婚姻——连架都不想吵了，可见关系有多差！麻木地当对方是空气，彼此不再关心对方，放弃努力修好，这是厌烦到了极点，连吵架这样恶劣的交流方式都不愿意使用。这样的婚姻名存实亡，没有任何意义，要不就是——不在沉默中爆发，就是在沉默中死亡，当这种氛围达到一个临界点的时候，必定只有分道扬镳这一条路。

生活中能够达到彻底了解，完全同步，从不吵架，一开始就默契相处的情侣和夫妻实在是微乎其微。作为一个有独立思维的成年人，也许他们可以接受内心批评，哪怕这种批评是在争吵中获得的，也是有逻辑性的，但任何人都不接受被侮辱，特别是出现在争执中。所以伴侣在争吵中应该尽量避免侮辱性的语言，再生气也要保持一丝冷静，气急败坏地羞辱对方是无能、无德、无教养的表现。

在爱情或婚姻生活中，争吵的时候切忌大喊大叫，扯着嗓子喊那是市井泼妇和莽汉的行为，有句古话是“有理不在声高”，不要以为“狮子吼”能震慑住别人，这只会被当成神经病。发生矛盾和冲突时，你可以指出对方的问题，可以提出尖锐的批评，但你不能扯着嗓子攻击对方，更不能失去理智地破口大骂，动手打人，吵架的最终目的还是解决问题，而不是发泄自己的敌意。

伴侣之间的争吵，最恶劣的上升高度是揭对方的伤疤，翻旧账找麻烦，企图让对方难堪，这种失去理智的行为，只会激化矛盾，造成人身伤害，导致双方感情的破裂。

争吵还有一个大忌是让外人来掺和，这个“外人”也包括双方父母。一段关系中重要的就是两个人和平相处，父母有他们自己的生活，只要没有持续和孩子、儿媳或者女婿密切的相处，相互之间都很难理解，一面之词也很难辨别谁是谁非，父母也不是完人，他们的判断也有自己的倾向性，那种一点儿小矛盾就回娘家的“怨妇”，或者是媳妇一不听话就告状的“妈宝”，只会让事情越来越乱。有的人又喜欢把希望寄托于朋友的调节，这样的调节作用并不大，有时还会适得其反，夫妻相处的大忌就是向外人袒露生活细节，在争吵后把对方的缺点和错误说给外人听，哪怕是再亲密的死党，他（她）也不是一个只会听不会想不会说的“垃圾桶”，这终归是一个隐患。

伴侣之间可以吵架，但一定要有建设性地吵，有技巧地吵，保证双方都不吃亏，无论是语言上还是道理上，很多道理本没有对错，都是较真的人扭曲了道理。双方都要清楚，不说过火的话，吵架的最终目的是使两人增进了解、排解压力、解决问题，从而促进感情。因此，双赢的吵架法则有以下技巧：

一、选择合适的时间地点。争吵的初期应该冷处理，不要在对方的气头上找架吵，更不要在公共场所吵架，把矛盾控制在小范围、短时间内，但这个“短时间”的开头，必须有一个比较长时间的铺垫。时机不对，地点不对，只会让两个人破罐子破摔，越吵越上瘾，甚至会在第三者面前互相揭短，使对方下不来台。

二、搞清楚吵架的中心意义是什么。很多人吵着吵着就跑偏了，拉出一些别的事出来说，期望在气势上压倒对方，这非常没有目标性，双赢的吵架双方，都应该知道为什么而争吵，集中在具体的事情上，不要翻老账，不要揭对方的伤疤。

三、一定要表明观点。无论对方的情绪有多么激烈，一定要抓住吵架的主旨，不断表明你的观点，显示你解决问题的诚意，因为对面是你爱的人，不是有着滔天巨恨的仇人，不能使用旁敲侧击、冷嘲热讽的方式，而是要表明观点、实话实说、直截了当，避免对方产生误解，致使矛盾进一步激化。

一场争吵过后，无论问题有没有解决，都要及时地表达歉意，如果实在说不出口，可以释放一个和解的信号，做一件暖心的事，让对方感觉到你在努力挽回这段关系。一盒对方爱吃的点心抚慰被尖酸刻薄的话语刺伤的心；一朵小小的玫瑰能够传达你的歉意；一双温暖的手套会让那颗冰冷的心开始融化——而且它的效果是永久性的。无论男女，都应该有君子风度，给爱人一些抚爱、一些关怀，恋人、夫妻之间的吵架无所谓对错，只要双方还想让这段关系继续，就应该化干戈为玉帛。

吵架也能双赢，你没有听错！成熟的人们在吵架时也不会完全失去理性，他（她）们争吵的目的不是战胜对方，而只是一种激烈的交流形式，爱情还在，需要吵架来刺激一下关系，通过争吵化对立为统一，化分歧为融合，化平淡为激情，让风波过后的那份甜蜜更加甜蜜。

相爱没那么容易，适当装傻的人最幸福

『时间就像一张网，你撒在哪里，收获就在哪里。

——佚名』

上个星期和一群朋友聚会，席间，一个女性朋友闷闷不乐，一问，说是准备和老公离婚。一群朋友都很吃惊，两人都是从最穷的时候相互扶持走到现在的，感情非常深，怎么说离婚就要离婚了呢？女友愤愤地告诉大家："平时我对他怎么样你们也是看到的，结婚后从没让他手沾过水，洗衣做饭，早餐都恨不得端到床上。可是最近他老是鬼鬼祟祟的，去哪里也不报备，还刻意隐瞒行踪。我对他那么好，他一点儿都不珍惜，这日子没法过了。"

朋友们都没说话，估计男士们心中都暗想：哪有男人会喜欢一个怨妇？实际上我懂，丈夫肯定还是爱着妻子的，只是需要一点空间，女人不懂在适当的时候装傻是不够睿智的行为，就很容易被打上"怨妇"的标签。像我这个朋友，如果她稍微宽容一点，会发现丈夫只是不喜欢她事事监督、事事都要搞清楚的姿态，男人也是人，也需要被尊重，他们不是女人手中的提线木偶，一举一动都要靠掌控。

不管是女人还是男人，在爱情中都要学会调整好自己的心态，古人最推崇的夫妻状态是举案齐眉和相敬如宾，一对伴侣即使是多年相处，也不可失去了礼节，这个礼节放到今天就是尊重和礼貌，这不仅是个人修养问题，也是对伴侣的一种爱。如果你深爱一个人，就没必要逼得他（她）太紧，小到领带的花纹，大到工作的安排，特别是择友和行程，不应该干涉太多，很多女人在男人聚会时一个电话接一个

电话打过来，不仅是没给男人留面子，也是没给男人留空间。即使是成为夫妻，双方也应该有些距离，一方事无巨细地管制另一方，整天像生活在高压氧舱，心里的烦躁可想而知，时间久了，就会产生逆反心理。

做人要适时装点傻，职场上如此，与爱人相处也当如此。装傻不是当包子，是给爱人留空间，比如女人可以给男人每周一天的自由活动时间，不必向女人汇报，男人即使没有要“使用”这一天的意思，也会觉得很暖心。

太多人不懂得这个道理，他们在职场中八面玲珑，在事业上卓有建树，但家庭生活却不见得幸福。不可否认，他（她）有着超高的智商和情商，才华横溢、知识渊博，可是一旦身在爱情中，就开始犯糊涂了，试图用生活中的一套来对待爱情，以为这样可以收到良好的效果，一点儿也不懂得内敛，不懂装傻。当爱人在言语中有了错误时，马上就指出来，毫不在乎地破坏情调和毁掉幽默，自以为这样可以给爱人指导，殊不知久而久之爱人也失去了交谈的兴致；当爱人好面子需要掩盖一下的时候，毫不留情地指出这种“虚伪”，觉得这是“欺骗”，殊不知有时候知道“真相”更伤人；当与爱人的观点不同的时候，马上一针见血地指出错误，毫不留情地奋起驳斥，目的就是证明自己有多么明智……

聪明能干的人们啊，在爱情中“锋芒毕露”并不是一件好事，高智商不要使用在爱人身上，比如甜言蜜语动人，就是因为它虚幻，不要计较其中的真实性，洞若观火的言行只会给伴侣压迫感。或者说，自以为聪明的人常觉得自己眼睛里容不下半粒沙子，想要违心不点破很难克制住，这时候就需要有大胸怀了。无论是恋爱中，还是结婚后，居家过日子肯定会遇到许多鸡毛蒜皮的小事，十全十美只能是一种奢求，如果遇到事情就要弄清楚谁是谁非，非要说出个道理来，或许生活剩下的只有无尽的争吵了。

比如面对爱人的谎言，偶尔装傻也是必需的。一男一女结为伴侣之后，肯定也会有不得不撒谎的时候。不管是“善意的谎言”还是“刻意的撒谎”，都要看具体问题，有时候无伤大雅，也不必刻意揭穿，特别是有第三方在场的时候，即使要说，也要等只有两个人的时候再说，让伴侣明白是给他留足了面子，这样感情会更深一层。假如次数太多了，则可以稍稍提一下，表示自己其实知道了，伴侣也会内心明白，感激你的尊重和包容，甚至把你当成保守秘密的同盟，相处起来更甜蜜，岂不比摆弄聪明更好？

在伴侣面前不必显露聪明，更不要装聪明，从古到今，幸福的都是些傻男人、傻女人。俗话说，“三分流水二分尘”，做人不要把所有的事情都探究得一清二楚，打破砂锅问到底，放到现在是强迫症，满口大道理最后只会累了自己，就算是一双火眼金睛，最后也会因为太累伤害到眼睛、爱情或者婚姻。因此，只要把握住大方向，试试在小事上装装傻，说不定会活得更快乐。

5

Chapter

交朋结友时太爱讲理，朋友们会一个个离开你

朋友，是除了亲情、爱情之外的另一精神支柱。朋友是黑夜里的一盏明灯，在寂寞失意时，朋友总会给我们送来一份温暖。所以，我们每个人都要懂得珍惜友情。每个人都会有自己的长处与不足，每个人都有可能会犯这样那样的小错误，但是我们应该包容朋友的不足，大度原谅朋友对你的伤害。与朋友相处时，千万别跟自己的朋友太讲理。倘若你与朋友一味地较真，得理不饶人，揪着朋友的小辫子不放，你的朋友一定都会慢慢地都远离你。

总是表现得比别人聪明的做法，很不聪明

『一个人有任何正当理由信任自己的人，永远不在别人面前炫耀，以使别人信任他。

——狄更斯』

一般情况下，生活中较真和执拗的人，可以接受外貌、身高、收入、地位上的差距，却很少能接受智力上的差距。喜欢较真的人，一般都喜欢表现自我、喜欢出风头，时时处处都想表现得比别人聪明一点，他们希望通过这种比较，让自己比别人更具优越感，得到别人的认可，殊不知这样的做法在人际交往中是最不明智的行为。

不论你用什么方法指责别人，哪怕只是一个眼神、一种说话的声调、一个手势，或者干脆直接指出别人的错误，你以为对方会接受你的指责吗？绝对不会！因为这样直接打击了对方的智慧、判断力和自尊心。这只会使他反击，绝不会使他改变主意。即使你搬出所有柏拉图式或康德式的逻辑，也改变不了他的意见，因为你伤害了他的感情。

与人沟通时，千万不要用这样的说话方式："好，我要如此证明给你看，你说的话大错特错！"这等于是说，"我比你更聪明，我要告诉你一些道理，使你改变看法。"这是一种刺激人的挑战，只会引起争端，让对方对你充满了敌意，交流气氛会显得压抑和紧张。

试想一下，两口子吵架，本是由一件鸡毛蒜皮的小事引发的，为何越吵到最后

越不可理喻，最终甚至水火不容？答案就是双方由解决问题变成了基于情绪的指责，你说我的不是，我说你的不是，最终演变成失去理智的指责和谩骂。心理学上说，两个人在生气的时候，心离得最远，所以，两个人越争吵，越无法沟通，人际关系更是如此，每个人都希望得到别人的认同，而你如果想通过否定别人来证明自己的聪明，那是极其愚蠢的行为。

即使在最融洽的情况下，要改变别人的主意也不是一件容易的事情。如果你要证明什么，就要讲究方法，要使别人对你的证明感兴趣，使对方在无意中接受你的证明。也就是说：必须用若无实有的方式教导别人，提醒他不知道的好像是他忘记的。正如19世纪英国政治家查士德·斐尔爵士对他的儿子所说的：要比别人聪明——如果可能的话，永远不要告诉人家你比他聪明。

听说过这样一个故事：

一位年轻的纽约律师，在参加一个重要案子的辩论，这个案子牵涉到一大笔钱和一项重要的法律问题。在辩论中，一位最高法院的法官对年轻的律师说："海事法追诉期限是6年，对吗？"

律师愣了一下，看看法官，然后率直地说："不，庭长，海事法没有追诉期限。"

当时，法庭内立刻静默下来，似乎连气温也降到了冰点。虽然律师是对的，法官错了；律师也如实地指了出来。但法官却没有因此而高兴，反而脸色铁青，令人望而生畏。尽管法律站在律师这边，但他却铸成了一个大错，居然当众指出一位声望卓著、学识丰富的人的错误。

这位律师确实犯了一个"比别人正确的错误"，在指出别人错了的时候，为什么不能做得更高明一些呢？为什么不能用若无其事的方式提醒别人，而且是在不冒犯别人尊严的前提下？

如果有人说了一句你认为是错误的话，你这样说不更好吗："唔，我倒有另外一种想法，但也许不对。我常常弄错。如果我弄错了，我很愿意得到纠正。"这将会收到神奇的效果。无论什么场合，试问，谁会反对你说"我也许不对"呢？

其实，那才是科学的做法。曾有人问著名的探险家和科学家史蒂文生："史蒂文生先生，你打算从实验中证明出什么呢？"他是这样回答的："科学家永远不会打算证明什么，他只打算发掘事实。"

那位因为正确而犯了错误的律师，如果懂得史蒂文生的思考方法，就一定会使法官的态度宽容大度起来。

如果要让你的意见被别人同意，你必须牢牢地记住，一开始就要对方立即说“是”，永远让对方觉得自己重要！要知道，使自己变成重要人物，是每个人的欲望。你让他感觉到被尊重，你才能获得尊重，从而使别人接纳你的观点。

人际交往也像电影表演一样，有主角和配角之分。聪明人的做法就是把自己当配角，因为人人都想当主角，而你选择做绿叶的配角的话，别人会觉得你够朋友，从而愿意成为你真诚的朋友。反之，一个人连一点儿面子和小虚荣都放不下，别人就会觉得这个人胸襟太小、做人无趣。其实，适当地把自己放低，显得没有别人那么聪明。那么尊贵，又能失去什么呢？说到底，其实只是无关痛痒的面子问题，而多少聪明人在这上面栽过跟头。

每个人都渴望得到别人的尊重，每个人都希望自己在别人的眼里是个聪明人。倘若你时时处处都要表现得比别人聪明，你将会因此而失去很多朋友。在现实社会中，有时候我们应该让别人表现得比自己聪明一点儿，这样才能够取得对方的好感，从而赢得良好的人际关系，进而一步步地走向成功。

好哥们之间不一定非要“明算账”

『自制的友谊要比买来的友谊更持久。

——里根』

原谅别人等于解放自己，面对陌生人尚且如此，更何况是面对多年的好朋友。在生活中，话说出口是件很容易的事，但是做起来就不简单了。以往的我对于为人处世的技巧总是充满自信，认为自己是一个比较善于宽容别人的老大哥，但最近我却遇到了一件很棘手的事。事情发生在一周前，我参加了高中男同学的聚会，算起来大家凑在一起已经是二十年前的事了，有一些伙伴多年来一直在交往，有一些伙伴多年没见了。大家随着年龄的增长，慢慢变成了社会的中流砥柱，事业都比较成功了，有的成为了光荣的人民教师，有的成了职业军人，有的成为了作家，有的成为了企业老总，还有的人因为性格原因，甘于窝在小单位里当一名小小科级干部，做个自在闲人。本来大家欢聚一堂，是一件很快乐的事，但是这么多年不同的社会经历，每个人处事的方法、看问题的角度、思维方式都会存在不相同的地方，再加上本身的性格、当年旧事的沉积，席间一度针锋相对、暗潮涌动。我当年就是班干部，自然希望维持秩序，无奈好像并没有人买账，反倒把自己卷入了一个旋涡里，难得的好时光似乎没有了那个气氛，一群在社会中久经沙场的老男人，一瞬间变回了当年那群懵懂少年，说话你追我赶、明贬暗讽、借酒发疯、拍桌子瞪眼。

这件事让我苦恼了整整一个星期，虽然席间大家似乎都交换了联系方式，但是之后会联系吗？如果不联系，关系还会进一步恶化，那聚会就没有意义了。本来，好好地与同学们相聚，我认为是要凭着求大同、存小异的原则，毕竟这么多年经历不同，每个人有很大的差异，不应该挑言语上的错，更不应该胡乱瞎想“弦外之音”。另外就是旧事不要提，都这么多年了，大家都见识过对方当年毛头小子的样子，感情都是很深的！何必到了中年时候，还无法握手言和，非要较这个真呢？

朋友是人生风雨中的灯，有些事没有必要和朋友太过认真。这是我一贯的做人原则。记得看过一篇文章，里面说到无论当年关系有多么好，同学会都不要参加，因为多年以后，每个人都变化太大了，摸不清个人秉性，会出现相处之间不体谅的场面，反而把一段美好的回忆污染了。以前我不相信，现在我有点儿明白了，人若总是活在误区中，就会很容易失去朋友。

想明白以后，我私下找了那几个有矛盾的朋友，他们一开始皱着眉头跟我讲这样那样的细枝末节，经过我一番仔细梳理、甄别，摒弃他们瞎想的不好那一部分，再引导他们客观、公正地看问题，果然每个人都有点儿不好意思地表示自己是不是误会了。一个月之后，我又组织了一次聚会，他们都不谈心事，只谈“风月”，说点无关紧要的生活趣事，当年谁追谁追到了大学等等，果然其乐融融。

这个世界上，谁都不可能做得那么美好，所以也请不要跟别人较劲，一味地想别人的阴暗面，这样自己也会被坏的心绪干扰，长此以往，心情就会受到伤害，做人、想事，心胸就会狭隘，自然就容易较真，特别是对亲密的人较真，如果说爱人和亲人还能容忍，朋友就不一定能容忍了。

俗话说，亲兄弟也要明算账。这句话多半是用来形容经济上的纠纷，当然也可以发散一下，形容人与人之间的关系。对待亲人，我们说话可以稍微放松一点，没那么多顾忌，有什么不满可能就直接说出来了，比如弟弟不抽烟，哥哥在他房间里抽烟，他马上就可以说：“臭死了，到阳台上去抽。”哥哥顶多嘟囔几句，就出去了，心里也不会有什么想法。或者是，哥哥把留给弟弟的点心吃掉了，弟弟回来顶多抱怨几句，发发脾气，哥哥顶多开玩笑地安慰几句也就过去了。甚至是一些比较大的利益，父母的财产划分给弟弟比较多，哥哥比较少，也是可以关起门来直接抱怨的。这也可以算是“亲兄弟明算账”的真谛，因为没有什么不好说的，较真也没事，血缘关系相当于过滤了一层“愤怒”。

人们常常形容一对朋友，好得像“亲兄弟”一样，但再好的哥们儿，也不要像兄弟一样常常“明算账”。比如上述的例子，假如一个人用厌烦的口气对朋友说“臭死了，到阳台上去抽”，朋友开始笑笑照做了，次数多了心里就会有想法——我为什么总是要将就你？或者是有的人一次又一次侵犯朋友的利益，次数多了，朋友也不好说出口，关系自然就疏远了。你跟朋友明算账，朋友自然也会跟你明算账，算账一多，关系就僵了。

因此，最好不要跟朋友较真，哪怕是你自认为关系再好的朋友。在与朋友的相处中，有三点我们是要注意的，一是不跟朋友讲大道理，二是不挑朋友话里的毛病，三是不要跟朋友算利益。只有自己做好了，朋友才会“你来我往”。也不较真，感情才会深，友谊才能长久。

功利性社交，当心人脉变成肥皂泡沫

『势利之交出乎情，道义之交出乎理，情易变，理难忘。

——傅玄』

帮助朋友是赢得尊重的过程，而不是手段，如果功利心太重，要求朋友用回报来交换付出，我们就会失去本该得到的友谊。朋友之间的相互帮助，本来就应该是顺理成章、理所应当的，如果只是为了回报，这种行为就变成了交易，交易本身是不讲究尊重的。

我们必须承认人类的交际始终带有功利色彩，但是人类除了追求利益，也在追求着情感。

当你责备别人对你不公平时，你有没有想到你为别人做了什么？奉献了什么？如果你只想着在朋友身上找多少好处，那么你根本没有当他是朋友，得不到利益，也得不到友谊。如今越来越多的人深陷在“功利社交”中无法自拔，无论是晚上还是周末，一有社交活动就“冲”出去，美其名曰：搭建人脉。

他们在这种社交中处处设防、事事小心，在不想笑的时候笑，在喝不下的时候喝。其实每一个人在交新朋友的时候，多多少少都有些恐惧，这种恐惧会带来探究和怀疑，过于世俗的交友行为，本身就失去了交友的意义和效果，这就是为什么在酒桌上交不到真朋友、在职场中交不到好朋友的原因。

觥筹交错、礼尚往来中，每个人都在考虑着自己能得到多少，所谓的人脉能换取到多少有形无形的利益？情感深厚？在功利社交中早已失去真诚，每个人都在其中体验到更多的是失落与不安，这样的人脉是一种泡沫——你连一丝真心都没有，完全是冲着搭人脉、换利益而来的，那就利益交换吧！如果你本身手上没有资源，就不必浪费时间了，反正我也不会帮你。

这是社交失衡的一个常态，如果是完全运用在职场、商场中，还能体谅，但现在越来越多的人分不清名利场和生活，把自己的真朋友变成了人脉泡沫。我有个朋友，是一家公司的高管，他的生活非常有戏剧性——周五的晚上他和同事在KTV勾肩搭背，仿佛多年的好友，转天周末在一家餐厅遇见，相互装作不认识；上周三认识的客户，这个周末约他打篮球，不顾腰伤也要作陪；每周让老婆做烤肉送给新来的西班牙高管。

就是这么样的一个人，上周接到一群老朋友的爬山邀请，他的第一反应居然是考量其中有没有可以为他女儿解决公立幼儿园问题的朋友，好像没有？那就不要浪费时间赴约了吧！这个念头一落，他自己都惊诧不已。这群朋友都是多年好友，自己也很爱爬山，少年时一群人可以为了对方两肋插刀，如今居然功利到了这个地步，都说人会变，这样变得也太厉害了，自己都害怕。他这么跟我诉苦，同时说起朋友越来越少，连个说话的人都没有了。

现实中很多成年人抱怨，朋友们都不热切，抱怨自己不被别人重视，却没有设身处地地想一想，友情是相互付出换来的，如果你只想从他人身上得到什么，越是不付出，越是计较，就越是得不到。太多人被“人脉学”荼毒了，似乎想出人头地的人，就必须要逼迫自己功利，不断地逼迫自己主动社交。

其实功利性的社交，也是建立在付出基础上的，这种付出很难受，倒不如一开始就用真情去结交别人，无论对方有用没用，随缘就好，珍惜已有的朋友，尽可能地忘掉那些玩转社交场的技巧。心不起贪念，脸上才能平静，别人才不会起防备。当一个人功利心太强的时候，在别人眼里会有一种不实在的感觉，越是努力，越是让人惴惴不安，这个时候你的努力反倒让别人从心底里有点儿惴惴不安。不放一点真心，别说真朋友，一点儿“交情”都建立不了，只有赤裸裸的利益交换。这样的人脉，作用不就是“牵线”吗？利深情浅，彼此彼此。

一个目的性和功利心太强的人，很难交到真正的朋友，真正的朋友，唯有真心才能遇到，有的人感叹，名片夹里有好几百张，可遇到急事时，没有一个人愿意搭把手，遇到有心事，连个可倾诉的对象都找不出来。许多人自己都虚情假意，但却讨厌他人虚情假意，两个要好的朋友之间，其中一人起了功利之心，对方是会有感觉的，这时两人的友情便会发生微妙的变化。有了太强的功利心，便会失了平常心，没了平常心，人就是浮躁的，对待朋友，对待社交，我们应该丢掉一些功利心，抱着平平常常的态度对待每一个人。

人脉这种东西在我们的社会里，是非常重要的成功要素，但获得人脉，千万不要依赖功利社交，那些因为特定目的而结交的所谓“友谊”，准确来说应该是“关系”，并没有多少价值，如果其中一方的地位、水平发生了变化，这种“关系”也会随之被打破了。而真正的朋友，是能够锦上添花，也能够雪中送炭的，人的心可以变得成熟，但不要太坚硬，这世界还是有许多真友谊、真感情存在的，少一分计较，少纠结一些所谓的“成功大道理”，就会坦然许多。

面对伤害，与其仇恨，不如选择原谅

『一个不肯原谅别人的人，就是不给自己留余地，因为每一个人都有犯过错而需要别人原谅的时候。

——福莱』

每个人的心都是一块独立的领地，在那里可以把地狱变成天堂，也可以把天堂变成地狱，面对曾经伤害过我们的人，选择了原谅，就是选择了心灵的天堂；选择了怨恨，就是将自己的心推入万劫不复的深渊中。

在现实生活中，常常会发生这样的事：亲密无间的朋友，无意或有意做了伤害你的事，你是宽容他，还是从此绝交，或伺机报复？有句话叫“以牙还牙”，绝交或报复似乎更符合人的本能心理。可是一旦人有了这样的想法，自己的心就会受累，造成了直接的两次伤害。如果行为达成，怨会越结越深，仇会越积越多，冤冤相报何时了呢。相反，如果一个受到伤害的人，采取别人难以想象的态度宽容对方，表现出宽广胸襟，不仅开解了自己，保持了形象，并且这样的宽宏大量、光明磊落也许会感染实施伤害的人，让他感到羞愧，这样的“攻击”其实更有力。

人格的光彩是周围人都会看到的，假使你认为：做了错事就应该得到报应才算公平。那你的一生必是锱铢必较，常常不快乐，总也得不到开解，周围的人也会觉得你的人格并不高尚。英国诗人济慈说过：人们应该彼此容忍，每个人都有缺点，在他最薄弱的方面，每个人都能被切割捣碎。每个人都有弱点与缺陷，都有可能犯下伤害别人的错误，你也是，我也是，所以遇到他人的伤害，不如先以宽容相待，首先可以避免自身产生消极情绪，其次可以促进彼此尽快回到和谐的状态中。

退一步说，即使心里一时想不通，也要做到表面的和谐，说得自私一点，这也是为自己好，不浪费时间和精力去应对无谓的事务，专心过自己的生活，同时也显示了自己的人格魅力。

伤痕一旦存在，只有“修补”才能将它抹平，你再去划别人一刀，就有了两个伤口，但是这样你自己原来的伤口一直无法愈合，还会产生越来越多、越来越深的伤口。冤冤相报抚平不了心中的伤痕，它只会将伤害者和被伤害者捆绑在一起，或者说，如果一个人被朋友伤害了，实在无法谅解他，就装成看不见他，再也不去想这件事，避免关系进一步恶化，其实这也是一种原谅，原谅别人，也解脱了自己。

在一次十分残酷战争中，一支部队在荒原中与敌军相遇，其中两名战士掉队了，他俩是好朋友，来自同一个小镇，十多天过去了，他们仍然没有赶上大部队，一路上两个人互相鼓励、互相扶持，艰难跋涉，渡过了数不清的艰难险阻，最痛苦的是干粮快吃完了。这一天，他们终于捕抓到了一只小鹿，把能吃的尽量带上，虚弱使他们在途中不断地减少背包，鹿肉几乎很快就吃光了，仅剩的一点儿背在个子较高的那个战士身上，他还有一点儿体力。可是这以后的几天，他们进入了一片荒林，什么吃的也找不到，又遇到了一队敌军，强打精神左躲右躲，避开了敌人。就在他们自以为已经安全时，只听一声枪响，个子高的战士中了一枪，敌人似乎是想打中他的心脏，还好一躲打在了肩膀上。枪声过后，个子矮的战士惶恐地跑了出来，害怕得语无伦次，抱着朋友受伤的身体泪流不止。

那天晚上，矮个子的战士被吓得神志不清了，念叨着他的奶奶，两个人都以为熬不过这一关了，尽管饥饿难忍，消失的意志力让两人谁都没动那块鹿肉。第二天一早，两个人就被赶来的部队搜救兵找到了。

三十年之后，个子高的战士死在了自己家乡温暖的床上，个子矮的战士握着他的手痛哭不止，当年的枪伤还是影响了他的健康，让他在头发刚花白的时候就去世了。多年之前，战争结束后回到家乡，个子矮的小战士就想跟他道歉：“你肩膀上的伤……”个子高的战士制止了他的话：“当你抱住我，我摸到你发热的枪管就明白了，同时也原谅了你。我知道你是真的伤心，也舍不得，你只是想一个人得到那块鹿肉，因为你家只有一个奶奶，只有你能回去照顾她的晚年，我都懂。看，我们不是好好地回来了吗？”

也许你曾遭受过朋友的恶意诽谤或致命伤害，在你心底一直都没有抚平，你可能至今还在怨恨他，其实，怨恨像一个不断长大的肿瘤，使我们失去快乐。要相信，伤害都是有原因的，为了利益、嫉妒、报复，有的人也是因为逼不得已，这么一想，是不是对伤害我们的人有了几分理解呢？每个人有不同的选择，人品也有高低，我们可以选择不和人品低的人做朋友，但一定要选择原谅他，谢谢他早日现形，不至于进一步影响我们的人生。对那些迫不得已的伤害，我们更要选择原谅，并且有选择地挽回友谊，每个人都有难处，作为朋友伸出援助之手很有必要，以德报怨才能积福。

当你被伤害折磨得筋疲力尽时，不妨学着原谅，忘记怨恨，沉浸在伤害的痛苦中是徒劳的。与其咒骂黑暗，报复伤害，不如在黑暗中点起一盏明灯，快速修复伤害的痛苦，告别那些灰暗情绪，重新找到积极乐观的心情。

有些你不喜欢的人，反而更值得你去结交

『有时宽容引起的道德震动比惩罚更强烈。

——苏霍姆林斯基』

能容人处且容人，中国一直有“宰相肚里能撑船”之说，更有降服之术一说，我们的一生中会遇到各种各样的人，每个人都不可能称心如意地只和自己喜欢的人交往。有的时候，我们要试着和自己不喜欢的人交往，这样才能够上升自己的高度，赢得成功。

宽容是一种修养，更是一种境界。宽恕自己喜欢的人，尚且不容易做到，宽恕自己讨厌的人，并且尝试和他交朋友，把怨气甚至仇恨彻底从心里驱赶出去，的确需要极大的勇气和胸襟。韩国总统金大中在轰动一时的光州大审判中曾被判处死刑，当时就立下遗嘱，要求家人和同志不要报仇，让政治迫害在他这里结束。在金大中正式就任总统后，公开在总统府招待了曾经迫害过他的四位前任韩国总统，以具体行动化解了政治仇恨，展现了伟大的恕人之道。他宽广的心胸令无数人称赞，也许这也是他取得政治成功的原因之一。

古往今来，没有一个成功的人是随性而为的，他们往往需要跟最憎恨的人摆笑脸，与最讨厌的人推杯换盏，哪怕是取得了无上的权力，比如当上皇帝，也不会肆意表达自己的喜怒哀乐，只要是有用之人，再讨厌也杀不得。诚然，我们现代人交友不一定要这么功利，但从心理学层面来说，尝试与不喜欢的人搞好关系，自己也会轻松很多。我年轻的时候，与一个同事相互看不顺眼，我的老板给我讲了一些道

理，告诉我他平时在外面谈业务的时候，再小、再刁钻的客户都要捧着来，而一些贪污受贿的官员，老板心里恨不得揍他们一顿，可也得陪着笑脸陪酒，为什么？为了事业的发展能够顺畅。我不服气，我和同事关系不好，也影响不到我的前途，老板说："可是你内心不高兴，影响了心情，自然各个方面都影响了，生活还有工作，都被你讨厌的人影响了。你难道没有感觉，在办公室多一个仇人，做什么都束手束脚的，怕出了错被笑话，怕没事做被鄙视。假如你没有这个仇人，你就没有这些可笑的压力，做人做事也轻松得多。"我突然觉得，好像真是这么一回事。

很多人在生活中只愿与自己喜欢的人交往，而对于不喜欢的人，不是横眉冷对，就是敬而远之，总之不会去主动结交。这样的状况，对方也是有所察觉的，自然而然也会对你生出怨恨，产生各种各样的矛盾，于是相互就更不喜欢，这是一种恶性循环。

其实当你没有开始深入结交一个人的时候，肯定是不够了解的，不要以自己的思维去推测他，也许他没有你想的那么坏。有一次我走在路上听了一首歌，歌词是这么写的："第一次见面看你不太顺眼，谁知道后来关系那么密切，我们一个像夏天一个像秋天，却总能把冬天变成了春天"。相信很多人都有这样的经历，第一次见一个人的时候，怎么都看不顺眼，后来莫名其妙地成为了很好的朋友。

与不喜欢的人打交道，我们要明白——是什么原因使你对他特别反感。同样是那个人，别人为什么不讨厌他，而你就这么讨厌他？可以细心想一下，是不是因为这个人的某种特性与你观念相悖？比如你个性沉稳，就不喜欢嘻嘻哈哈、爱出风头的人；又或者是这个人的长相跟你曾经讨厌的人很相似，比如你小时候很讨厌的一个老师，和新来的同事外型风格很像，一看到就讨厌。

如果是这一类的"讨厌"，就完全是你自己的问题，主观地讨厌一个人，对那个人太不公平。每个人都有不同的特质，他的各种存在，不需要也不可能以你的意志为转移。在心理学上有一个小原理，你不接纳别人的某个特点，实际上也是你所缺少的，因为不接纳自己，才会如此不接纳别人，比如一个女孩讨厌整天花枝招展的同学，实际上她内心非常渴望别人的关注，表面上却总是以"不要脸"来形容自己的同学。明白了这一点，对于不喜欢的人，请先检讨自己吧，检讨完了也许会发现，他也没有那么讨厌，尝试着交朋友也许可以弥补自己的不足。

与曾经有过矛盾的人打交道，不喜欢是很正常的事情，我们不要求做到马上放下怨恨，但也请放松心态，避免以敌意和冷漠相对。人际关系的矛盾常常是“一个巴掌拍不响”，相互间使用冷漠和敌意，只会加深矛盾，从而进一步把对方“推”到自己的对立面，并且造成周围环境的尴尬。假如必须和有矛盾的人相处，并且是“抬头不见低头见”的关系，不如尝试以德报怨，以温和、友好的处理方式来应对他的找茬儿，对头也会感觉到你的善意，不说坚冰马上就融化，起码能建立起“对事不对人”的健康关系，无论是职场、商场、官场，还是普通的人际交往，这样的处理方式是比较有利于个人发展的，即使对方不接这个茬儿，周围的人也会在内心对你竖起大拇指，彰显自身的人格魅力，也是有好处的。

一个人的心如同一个容器，当善意越来越多的时候，厌恶就会被挤出去。人一定要学会消除厌恶，这种东西存在内心里，最先伤害到的不是别人，恰恰是自己。消除仇恨，用善意来滋润胸襟，主动去包容不喜欢的人，只有这样，自己的人生才有进步。

当众揭穿别人的伤痕和糗事，很容易埋下怨恨的种子

『对人不尊敬，首先就是对自己的不尊敬。

——佚名』

如果我们明知道朋友的痛处，还偏要去揭伤疤来娱乐自己的人，结果只会让朋友将仇恨转移到揭他短儿的人身上。每个人都有自己的短处，不喜欢别人提及的憾事、缺点、隐私等，当众被提起，哪怕是玩笑，也会使当事人感到难堪。因此，我们在和朋友相交的过程中，切莫把刻薄当幽默，把自己的欢乐建立在别人的痛苦之上，使他人感到难堪，友谊也就此走到了尽头。

俗话说“矮子面前莫提短，秃子面前不说灯”。每个人都有那么不“高大上”的一面，谁也不能说谁就高人一等，何况是作为朋友，我们更有义务去照顾他们的自尊心，比如生理缺陷，比如家庭不幸。如果你本身就看不起一个人，请不要跟他做朋友，事情本身就让他们足够痛苦了，作为朋友拿出来娱乐是雪上加霜的行径，痛苦只会加倍。

生活中就是有一些不知分寸的人，“哪壶不开提哪壶”，伤了别人不说，自己也得不到什么好处，无非是博得旁人哈哈一笑罢了，但这样的“幽默感”在旁人看来，其实是很不屑的。

我们一定要学会在不同的场合说不同的话，笑话谁都会说，但不是每一个人都能说好。生活中和朋友们在一起，开些玩笑无伤大雅，还可以活跃气氛，不过幽默感这个东西，首先是要让每个人感到愉快，笑话不能建立在别人的伤痛上，用攻击

他人或揭他人短儿来引人发笑，这是最低级的一种行为，说得严重一点儿可算是人品问题了。

一个不小心，你也许就踏进了别人的“禁区”，不管你是故意还是无意，请马上停止这种行为，你的笑话并不有趣，触到了别人的短处，犯了别人的忌讳，对当事人造成一定的伤害，不计较的人表面上哈哈一笑，内心已经不当你是朋友了，计较的人计较起来，不仅不会达到活跃气氛的目的，在场的每个人都会下不来台。

“开不起玩笑”这句话并不能解决一切，再严肃的人也能开得起玩笑，关键是这个玩笑能不能开。我们每个人都有优点和缺点，为人处世的成功可以放在一边不谈，只谈两个人作为朋友基本的诚意和真心，友谊是建立在相互吸引的基础上的，作为朋友要多发现对方的优点，甚至挖掘对方的优点，鼓励对方正确认识自己，适时地赞美对方的长处。都说女人之间没有真友谊，但我却看到了真实的反例。我曾经认识一个女孩子，她长得非常漂亮，她的身边常常跟着一个相貌平平、打扮土土的女孩子，可是每次看见她俩，都是非常赏心悦目的，为什么？在许多人眼中，这个漂亮的女孩是故意找了一片绿叶来衬托自己，可是慢慢地人们发现，两个女孩都非常善良，也许相貌平平的女孩并不漂亮，但她从不自卑，漂亮的女孩也从不自傲，两个人相互影响，相貌平平的女孩越来越会打扮自己，看起来也挺清秀的，漂亮的女孩则越来越关注内在涵养，从只看“配图的文章”——杂志，到职场混得风生水起。两个人的人生都非常成功，无论是事业还是家庭，走到哪儿都是一道亮丽的风景线。

当然，生活中也有不少例子让我失望——美女当众批评朋友的衣着；某女暗讽自己的美女朋友是个草包；某人拿朋友的秃头开玩笑。我甚至看到过一个报道，一对小青年在小卖部买可乐，本来朋友出游非常和谐快乐，但是其中一人不断用可乐喷在另一人身上，遭到阻拦后变本加厉，一边开玩笑一边继续喷可乐，中间说起对方小时候家中贫困，喝不起可乐，捡了路上别人喝剩的事迹，引起小卖部里全体人的哄笑，被讽刺的小青年忍无可忍，抄起随身的匕首将朋友刺死。

与人交往察言观色是少不了的，这不是心机，而是一种基本的礼貌，就算是非常熟的朋友，在讨论一些敏感问题，并且周围有陌生人的时候，要注意观察对方的情绪，感觉对方发出的信号不对，应该马上停止。虽然是朋友，毕竟思维不同，或许你认为可以拿来开玩笑的东西，对方觉得不合适，如果对方这时向你发出信息，告诉你他不喜欢这样，比如大家都在笑，他没有笑，或者笑得很尴尬，这时候请尊重朋友，不要继续揭他的短处，任由气氛尴尬下去，需就此打住。

每个人都是有自尊心的，不要仗着“交情”来换取别人的“大方”，任何“大方”都有底线，不是小气，而是一种尊严和原则，谁也不愿意别人一见面就提让自己不愉快的事，并以此为乐，或者只是为了博第三者一笑。

我们都有一个无法逾越的底线，一旦超过了这个界限，人就会爆发，导致情绪失控，失去理智，如果你不知道他人的底线，在开玩笑的时候，一定要注意把握好度，陌生人最好不要随意开玩笑，就算是朋友，也要在有了非常深入的了解之后，开一些比较有针对性的玩笑，因为彼此都了解对方，也有了友情作为基础，反倒能够增加感情，在不了解的情况下想玩幽默，请开一些无伤大雅的玩笑，切莫将玩笑开到他人的“身上”和“心上”。

不尊重朋友的想法，爱强人所难，就会遭人厌恶

『对别人的意见要表示尊重。千万别说：“你错了。”

——卡耐基』

在生活中，我们都遇到过类似的场景，很要好的朋友，不分观念、想法、处境，总是有一些强人所难的言行，比如在你刚生了孩子的时候开口借钱，在你准备买奥迪的时候硬要你通过他购买奔驰，在你脸色已经很不好的时候追问现在待遇是多少。你支支吾吾，表情尴尬的时候，他们也不停止这样的行为，是不是很难受呢？

有个小故事，也许可以启发这样的“坏朋友”。孔子有两个学生——子夏和子路，子夏很多方面都好，就是为人小气。有一天，孔子外出突然天要下雨，又没有带雨具，正好路过子夏的家，身边的子路提议说：“到子夏家借把雨伞？”孔子摇摇头，说：“不要去，子夏这个人我了解，他比较爱财，别人是借不到他家的东西的。”

子路说：“我能把我的东西和朋友一起享用，用坏了都不心疼。您是老师，向他借把雨伞用用，还要顾虑这么多吗？”孔子感慨地说道：“正是因为如此，他对一般人肯定不借，对我也许会借，但内心也不舒服，不要硬让别人去干自己不愿意去干的事，只有这样，大家相处的时间才能长久些！”

孔子的德行果然不是普通人能比的，他的想法是：子夏惜财，就不应该难为他，否则处久了，难免产生隔阂。在生活中有多少人能做到他这样呢？人与人之间相处，

讲究的就是一个尊重，别说是普通朋友，就算是老师与学生，也不能以身份施压。的确，每个人都有自己的性格特点，对待朋友，我们要学会尊重，顺着他人的特点，照顾别人的感受，切忌强人所难，不让人家做不想做的事，如果让朋友感受到体贴，自然会在感情上“投桃报李”。

相互尊重是处理好任何一种人际关系的纽带，朋友关系也不例外。不要在朋友面前急着证明你聪明，或者是强求他做某事来满足自己，相信许多人都受过被朋友“为难”之苦。己所不欲，勿施于人。在人际交往中，每个人都有受尊敬的需求，待人的态度往往决定了旁人待己的态度。朋友关系不同于亲戚关系，也不是以亲情为纽带的社会关系，亲人之间一时的失礼，可以用亲情来弥补，而朋友之间一旦失礼，创伤会很难愈合。若想赢得朋友的好感和尊重，获得深厚的友谊，必须先学会尊重朋友。

相信很多人都有过被人忽视、误会的经历，我也有过。我初二转学到一所新的学校，那时候胆子比较小，说话有点结巴，倒是没有人欺负我，但同样没人带着我玩。有一次课堂发言，每个小组都必须抽一位同学，我所在的小组长选了我，当时我非常难过，因为自己的结巴平时还不明显，一紧张就完全说不出话来了，我表达了这样的意思，可惜我的那位组长同学没有重视我这位“转学生”的意见，最后的结果是我呆愣在台上，以全班哄堂大笑结束。当年那种窘迫的感觉直到今天我依然记得，后来我跟全班同学打成了一片，但对那位组长，我内心一直都很排斥，没办法跟他重新做朋友。

每个人都有自尊心，年幼的孩子也都有，个人的意志力有时候就代表了尊严，如果不尊重别人的意志，强硬地把自己的道理灌输给他人，甚至用行动干涉他人，这样的人是绝对得不到他人的尊重的。“人”与“他人”从不是对立关系，相反，一个人的自尊，常常是在他人的呵护与激励下形成的。个人想要达到整个世界的和谐，想要收获个人的幸福快乐，应该树立“人”和“他人”之间应该是求同存异的理念，做到既能表达自己的观点，也能容纳别人的观点，即使有时候这两种观点是相悖的。这也就是所谓的——我不同意你的观点，但我誓死捍卫你说话的权利。

对陌生人如此，对亲人、爱人、朋友尤其该如此，假如说亲人、爱人还能够因为血缘关系和爱稍微“任性”一点，而友谊这种特殊关系中，我们一定要更为强烈地尊重朋友的意志。朋友不愿意做的事，请不要一再要求，如果是为了自己的利益，更不要用友谊来达到威胁的目的，因为任何一种感情如果用来交换物质，也就不纯粹了。朋友与你意见相反，你可以帮他分析，但请不要试图帮他做决定，他是个有思维的成年人，无论他的决定对还是错，都是他自己的人生。何况，没有人可以保证自己绝对正确。我们可以用平和的言语阐述，让朋友了解你的想法，是和他不同的，但绝对不能用激进的神态、声调，或是手势，告诉朋友：你错了，我的道理才是正确的，我的观点才是有效的，你应该怎么做……无论你说得对还是错，在你判断他“错”的时候，已经是对他的不尊重，这时，朋友不但不会改变他的意志，还会向你反击，即使事实证明他错了，他依旧会反击，因为他对你的行为产生了厌恶和愤怒，事情演变成了“为自尊而战”。

别用放大镜看他人的缺点，“人无癖不可交”

『有些缺点比美德更能清楚地证明一个人的优秀品格。

——雷斯红衣主教』

有句话这么说：不抽烟不喝酒的男人，不值得深交。这么说当然有些武断，但是从中可以反映一个观念，一个人若在外面表现得太过完美，是非常可怕的。但凡人就不可能没有癖好，就不可能没有缺点，人若没有任何缺点表现出来，原因只有两个：这个人城府太深了，还是不要深交为好；相识还没多久，正处在伪装的阶段。

相交很久的朋友，我们一般都会了解他们各种各样的缺点，这是交往时间长了无法避免的，假如你有一个朋友从不让你看到任何短处，那么他一定没有将你当成真朋友，基于这份情谊，我们是否应该对朋友的缺点宽容些呢？生活中面对朋友的缺点，一定要用平和的心态面对，不应该总拿放大镜对准朋友，放大朋友的缺点，甚至当众数落，让朋友下不来台，这样做的结果只能让自己失去人心，乃至失去朋友。

宽容朋友，也就是宽容自己，也许在朋友眼里，我们也有一大堆缺点，所以不要胡乱给朋友判“死刑”，缺点这种东西可大可小，架上放大镜看朋友，是一种不客观、不善良的心态，哪怕是一些原则性的问题，也要给朋友改正的机会，作为朋友，我们给予的应该是引导和帮助，而不是批判和伤害。

朋友身上有缺点，自然也有优点，与其用放大镜看朋友的缺点，还不如用欣赏的眼光看待朋友，多看他（她）身上的优点，我认为这才是真朋友，既能理性客观地发现朋友的缺点，也能够充满爱意地挖掘朋友的优点。一颗宝石被蒙尘，也许永远都不会被人发现，我们对朋友的鼓励，也是帮他洗去“尘埃”，让他不再犯错。

所以，当朋友因为一些性格上的缺点伤害了你，请站在他的角度想一想，能原谅则原谅，不要因为一时之气任意放大他的“恶行”。

Kitty 是一家外企的秘书，因为这家外企待遇好，她的朋友 Susan 也想进去工作。Kitty 是个善良的人，觉得有朋友在一起工作还挺好的，于是在一次公司招聘中，及时给 Susan 透露了内部信息，Susan 抓住机会，也进入了这家外企。

外企的人事关系很复杂，Kitty 的主管因能力不足被免职，Kitty 升到了主管的位置，短时间内形成了一个有能力的“团队”，虽然官方没有划分，但彼此合作无间。这件事引发了 Kitty 前主管的不满，本来就因为免职心里有怒气了，Kitty 较强的工作能力无异于火上浇油，于是她决心报复。

前主管在高层面前捏造谎言，说 Kitty 在公司内部搞小圈子，并且常常诋毁公司的一些高层领导，不安心做事。听报告的高层最讨厌的就是搞小圈子的行为，一气之下，把 Kitty 和其他几个同事叫到一起，让她们“说清楚”，Kitty 大吃一惊，表示“这完全不存在”。前主管又叫来 Susan 作证，Susan 表示支持前主管，Kitty 既伤心又震惊，好在高层领导冷静下来觉得不对劲，私下找了几个人对质，谎言被揭穿，真相大白，前主管被免职，Susan 则在公司的部门里被疏远了。

事情发生后，Kitty 经常看到 Susan 一个人跑到洗手间哭泣，思来想去，毕竟没有造成什么恶劣后果，而且多年朋友，Kitty 知道 Susan 性格急躁，进入公司后急于出头，才犯了出卖朋友的错。于是决定不计前嫌，帮她走出阴影，接下来 Kitty 常常在工作中帮助 Susan，Susan 也明白了 Kitty 的苦心，两个人恢复了友谊，工作上也合作无间。

每个朋友都有不同的特质，自然也有不同的缺点，你看到的是哪些呢？是否只看到别人身上的阴暗面，却忽略了他身上阳光的一面？一吨金矿中提取 5 克金子就是好矿，一片花园中采一斤蜜就是高产，而我们大多数人身上，必定都是优点多于缺点的，这难道不是一种美好吗？不要因为一个黑点而看不到黑点周围的白墙，黑点之所以明显，也许正是因为黑点太少而白墙太白，面积又太大，想想身边的朋友，其实都有一颗金子般的心，不要因为一些小缺点，将他放大成十恶不赦的人。

唐骏从微软一个名不见经传的程序员一跃成为微软中国的总裁，实现了人生的跨越，他曾总结过如何做一个受欢迎的人，最重要的一条就是：努力喜欢周围的人。“我强迫我自己喜欢我周围所有的人，这个很难。因为过去你不喜欢他，变成你喜欢他，刚开始我心里承受不了。”唐骏强迫自己去寻找别人身上的优点，使之变成了一种习惯，所以他的朋友越来越多，路也越走越宽。

如果真心对待朋友，那么相处之间必定是宽容、善良、厚道、正直、向上的，如果每交一个朋友，都觉得他不好相处，请先反思一下自己。这个世界上，很多人活得不快乐，原因不在于自己有缺陷，而是因为他总拿着放大镜找别人的缺点，假如没有一双发现美好的眼睛，就不可能看到生活中的美景，产生的戾气多了，吸引的坏朋友也就多了，好朋友会敬而远之，人脉圈子的质量也只会越来越差。

Chapter 6

职场复杂，办公室里不宜时时较真，处处讲理

职场是个复杂的地方，面对工作，我们需要付之以非常认真的态度。可是面对老板与同事时，我们却没必要总是太较真。老板是人不是神，老板犯错了之后如果我们非要老板的错老板认，让老板下不来台，虽然从道理上讲你是正确的，但从为人处世上看你可能是失败的，因为这样做会让你失去老板对你的好感，甚至因此失去赖以生存的工作。与同事之间也同理。和同事发生了摩擦后，我们如果非要与同事据理力争，争个一清二楚，我们可能会赢得一个“理”字，但却会因此失去同事的帮助与支持。当然，并不是要让你不讲理，而是要看情况，在没必要讲理的时候，让一让又何妨呢?

别以为加班不合理，加班其实是给自己的前程“加分”

『只有把抱怨环境的心情，化为上进的力量，才是成功的保证。

——罗曼·罗兰』

如今的职场竞争激烈，加班是很多岗位都无可避免的，但是对大多数的上班族来说，加班，无论有没有加班工资，大多人其实都不愿意加班，如果没有加班工资，那内心的计较就更多了。所以，你愿意加班吗？

观察身边的朋友，各行各业加班的方式都不同，所以受的苦也不同。

会计审计类的工作，每月月底、每年年终都是噩梦，尤其是到了农历新年的前几个月，是最紧张的，有外地客户还要出差，飞机、大巴坐得昏天黑地，到地方了来不及休息，一头扎进客户的账目里，轻则白天干到晚上，重则连续通宵。

行政人事类的工作，白天正式的上班时间，常常要四处奔波，权衡各方意见，然后加班写出工作总结和计划方案，方便公司其他岗位的人员正常上班的时候能用上。月底忙考核，招聘季忙招聘，牺牲休息时间和各个部门的主管沟通。

市场类的工作，加班更是常态，要做出有创意的方案，有时候还要监督执行，基本是白加黑，五加二，别人工作的时候他们在赶工，别人休息的时候他们在加班，年节假日是市场推广的关键时期，更要加班！

设计类的工作，主要是被客户折磨，要迎合客户的需要，还要有创意，手上项目一来，客户只会丢个时间，而后就是不断地沟通、修改，往往改了三次之后，客户考虑一下还是选第一套方案，一周的夜就白熬了。

业务销售类的工作，根本就没有加班不加班的概念，根本没有固定休息时间，每天都要耗费许多精力，用不同的方式，与不同的客户交际。过年过节，要上门送礼陪应酬，年底要拉下脸拜访很多客户，因为要收款。

这世界上就没有好端的饭碗，所以请结束抱怨自己的工作多么辛苦，别人的工作多么惬意，无论你是哪一行，想成功就要付出努力。加班是职场人脱颖而出的一条妙计，不计较、肯吃亏才会被领导“放在眼里”。加班才能加分，加分才能晋升。人活在世上，任何事都是多付出一分努力，就多一分成功的机会。

加班有两种情况，一种是被动加班，一种是主动加班。不计较的初级阶段，当然是在当领导让我们加班的时候，不抱怨不计较，领导命令加班，一般有三种原因，一是觉得你好欺负，办公室其他人不能使唤；二是觉得你有潜力，多给些机会锻炼锻炼；三是任务实在要尽快完成，而你是唯一有能力赶出来的。无论哪一种，都要欢天喜地答应下来，高高兴兴地加班，反正领导命令不能违抗，最后肯定要加班的，与其愁眉苦脸地加班，不如给领导留个好印象。最愚蠢的人是在被命令的时候“摆臭脸”，加班的时候拖拖拉拉，最后往往是出了力还不讨好。

“小李，你来看看这个机器，怎么摆弄都不灵？”“小李，你来帮我看看这个单据呀，怎么录入不了，是数据有错误吗？”

小李是一家银行的小柜员，名牌大学毕业，因为年轻，很多事情都等着他来做，去总行开会学习新系统，去别的分行银行学习好的贷款模式，平日里跑腿买东西，处理各种大大小小的杂事，都是他！

虽然如此，但前辈们从来没听到过小李喊苦喊累发牢骚，他总是笑眯眯的，做事手脚又快。三年下来，小李几乎每个周末都加班，弄得他女朋友一直觉得：干银行的都不双休。有一次元旦长假，银行因为系统升级有紧急事务，小李和女朋友正在外面逛街，但他也是马上赶回银行，调试、核对，还顺手帮一个同事做账，所有工作结束已经是晚上十一点了，女友在车里等了他三个小时，最后冲小李发了火：“这种工作不干也罢！”

小李能力越来越强，虽然是个小柜员，但所有的工作都能搭把手，几乎每个部门、同事在遇到处理不了的事情时，都会来找他帮忙。

小李扎扎实实地在这家银行干了五年，转岗升职成了信贷主管，几乎所有的同事都举双手赞成，从上到下，没有一个人说一句“怪话”，大家都认为这是小李应得的。

做人当然要有得失观念，不过得失观要尽量“宏观”一点，也就是通常说的“想开一点”。领导命令的加班，都是机会，不要觉得委屈，每个人的职场之路都有压迫和辛劳，何况加班算什么压迫呢？加班费和机会难道不是补偿吗？加班是很快显露的“补偿”，加班也属于“课外加练”，可以督促自己飞快地学习，比有形的报偿更珍贵。

所以就算领导不通知加班，偶尔也要主动加班。一个人不肯付出额外的努力，自然也不会收获额外的机会，无论是什么职场阶段，只有不影响身体健康，多加一些班，对事业是有好处的。首先就是获得良好的评价，只要你不是老板，无论是高层、中层、低层，任何一层也是“员工属性”，获得良好的评价十分有用，其次是得到更多一展才华的机会。

加班相当于多承担一部分工作，多占用一点私人时间，但一定要把它当成“分内之事”。职场中最忌把自己“分内”和“分外”分得太清楚，如果你只想着把自己手头工作做好，永远都会是“低层”，在办公室哲学中，不提升就是一种倒退，永远只做分内事的员工，对企业来说如同鸡肋，有问题第一个拿他开刀，有裁员第一个让他下岗。

无论是被动加班还是主动加班，都可以证明一个员工的责任感，有主动思考的能力，更加有企业主人公的气势。加班不仅可以保持斗志，磨炼意志，压缩工作进程也能够锻炼自己的时间规划能力，最根本的还是心态问题，人活着要有一种敢于吃亏、甘于吃亏、主动吃亏的决心，不计较、不敷衍、不争辩，加班也面带笑容，那么距离成功就不远了。

职场没有绝对的公平，不计较反而占大便宜

『得之坦然，失之淡然，争其必然，顺其自然。

——佚名』

职场有起有落，在任何情况下都应该不计较，保持平和从容，因为绝对的公平从来就不存在，有人当主角必定有人当配角，只看到当主角的人多么风光，为自己不平，为什么不分析一下自己到底差在哪里。一个人若是连配角都无法演好，总是计较、抱怨自己为什么演不了主角，怎么让人相信他能够演主角呢？请给自己一个不计较的职场，如果遭遇不平，就先演好配角，一样会得到掌声和认可。

在职场上，你也许会碰到这种情况：你一直在努力工作，以为得到回报是迟早的事，可是最后没得到想要的结果，觉得非常委屈。这个时候，你是一蹶不振，再也不努力，还是继续努力，厚积薄发呢？

公司的人事经理在离职之前，向公司推荐下属林溪接替自己，林溪工作能力强，工作态度认真，大家都是看到的，即使前经理不推荐，这个位子也该由她来坐。可是最终升职的人却是向梅。向梅在资历、学历和能力上都不如林溪，要好的同事为林溪感到不平，甚至怂恿她去找领导“讨个说法”，林溪却婉言谢绝了大家的好意，还一再表示向梅的一些优点是自己没有的，如活泼开朗、处事大方。

实际上，向梅为了得到这个职位，动用了自己家里的一个人情，心里觉得愧对

林溪，看到林溪不计较这件事，事后的交往言行仍然保持着友善，觉得非常感动。

第二年的薪资评定，林溪得到了最高的加薪幅度，身为人事部经理的向梅当然在其中“出力不少”，而林溪的努力也得到了集团老总的赏识，被提升为行政部经理。

林溪的遭遇也是很多人的遭遇，比一般的不公平更叫人难受，可是林溪不抱怨、不计较，对待向梅也和往常一样，力挽颓势，向众人证明主角、配角都能演，最终权利双收。

几乎所有人都有过不公平的感觉，这个世界本来就没有绝对公平，当然职场更加不例外。于是有的人就变成了职场怨妇：为什么我做得多反而拿的工资比别人少；上司怎么不赏识我；我能力超群在这种公司却不受重用；这种好的提议都不采纳。很多人对不公平没有采取积极解决措施，又计较“不公平”让主角无所得，于是往往碌碌无为、一事无成。

对于不公平，调节好自己的心态很重要，把公平作为一种人生理念非常正确，但内心也要明白不计较比追求公平更重要，心胸放宽，重视、享受工作的过程，不要从一开始就过分看重结果，这样自己的压力也小得多。职场上是不存在绝对公平的，当内心产生不平时，检讨一下自己，究竟是哪里做得不好，才导致事情变成这样，然后对症下药，根据自己的总结做出调整，比如有的人太老实，认为只要勤勤恳恳地努力工作就会受到领导的青睐，殊不知领导觉得情商比智商重要，计较能力比工作能力重要。我们改变不了别人——比如上司和同事，只能改变自己，做好该做的事，最重要的态度是“顺其自然”，接受眼前不好的结果，而不是整日怨天尤人、愤愤不平，让自己情绪不佳，事情一再恶化。

前面说过有人当主角就有人当配角，不可能人人都是第一名，所以请撇开情绪，重新认识“不公平”事件，比如这次自己没有升职，可是升职的只有一个人，还有很多一样努力过的同事也没有升职。

学会理解领导，他们在处理事情不可能做到面面俱到，他们也是普通人，也会有不同的倾向性和标准。如果因为领导的抉择而感到不平不快，一时想不开就会消极怠工，在工作中只会越来越弱势，并且无形中会带来很多烦恼，自己的幸福感也会下降。因此，面对不公平，我们一样可以努力工作，能力仍然可以不断提升，准备好自己的激情，说不定下次受重用的就是你。

小时候我们总是觉得这个世界很简单，只要付出了就会有回报，但成人世界不是这样，不公平随处可见。面对职场的不公平，我们要减少抱怨，放弃逃避，增加学习。面对职场的不公平，我们并不是完全无能为力，可以做的还有很多，坦然面对、努力适应、力争改变，这才是一个成熟的职场人应有的态度。

摆正自己的职场位置，不可挑战老板的底线

『要尊重每一个人，不论他是何等的卑微与可笑。要记住活在每个人身上的是和你我相同的性灵。

——叔本华』

李峰和王安是大学校友，同时应聘到一家私企的市场部工作，两人表现相当不错，两年后都成了部门骨干。可是两人性格不同，工作风格更是有着一个巨大差异，比如当老板犯错时，李峰会直言不讳地指出来，如果老板安排的事情有明显错误，甚至会压着先不做。王安则完全不同，当老板出错时，会私下给老板写一封邮件，表明自己的想法和担心，如果老板不理睬，他马上就实行，等结果出来了再说。三年过去了，公司又一次大型人事调动，老板毫不犹豫地选择了王安作为第一助理。

如果是一些主观决策性的问题，可以说一些自己的想法，给老板参考，毕竟你说得不一定对，老板说得也不一定错。老板一再坚持，很有可能是他的经历和身份，让他对这件事有不同的理解，说不定是比较符合实际的，你的想法过于理想化，反而有可能是错的。老板站得高、看得远，在怀疑他的错误之前，我们应该好好剖析一下自己的理解，是不是自己想错了？思考之后，证实确实是老板错了，再做打算。

在整个过程中，我们要注意调整自己的心态，注意老板是上级，我们是下级，下级服从上级是天职，在挑错之前先通过查阅资料、咨询他人，看一看究竟是老板错还是自己错，错了的话究竟是错在哪里，防止“胡乱指错”，又可让自己进步。

因为私下的解决永远比台面上来得舒服，如同王安一样，给了老板面子，也给了自己余地。

只有心态好了，才能理解并领悟许多提建议的技巧。

其一，采取妥当的方法，善意地提出意见，不要让老板下不来台。老板的错切忌当面提出，更不可当着同事、客户的面指出，老板毕竟是老板，他的“面子”比一般人更大。应该在私下里委婉地向老板提出来，比如发邮件，或者说“我对某事有一个新的想法，请老板定夺”。老板能当上老板，智商不是问题，他肯定会听出弦外之音，即使最后他没有采纳，也是小事一件，无伤大雅。

其二，千万不要和领导有争执。比如老板只是说错了话，不管在什么时候，当这些错话没有产生很重大的影响时，可以采取揣着明白装糊涂的办法，千万不要据理力争，一副认死理的样子，与老板起冲突。争执也解决不了问题，反倒有可能被炒了鱿鱼。老板做错了事，即便涉及你自己，也请不要开口，老板自有老板的承担力，我想一个老板宁愿犯点小错耽误自己生意的一点进度，也不愿意被下属指着鼻子数落。

其三，最难的就是明知老板决策有错，怎么办？最好的办法是先服从并去执行，千万不要压着不做。老板有相应的承担力，但你没有。假如以为自己聪明绝顶，自行判断了老板的决策，即便最后判断对了，老板心里也不会太舒服——你算什么东西，需要你来做决定？老板说错了话还可以装装糊涂，蒙混过关，要是老板作出错误决定并且一意孤行，心理上要先相信老板，当老板的肯定有比一般人强的地方，并且记住一个定律，许多下属都以为自己比老板聪明，但是老板犯错的概率一定都比下属低。相信了之后，执行才没有排斥感，才会更顺畅，想了半天还是想不通，也要先服从，并且认真执行。在整个执行过程中，要主动及时地和老板沟通，报告工作进度和出现的问题，即使最后证明老板错了，老板也会觉得你已经尽力了。

明知老板有错还必须执行的确非常难处理，现实中自大、专断的老板不在少数，这种老板无论用怎样委婉的方式告诉其有错，他都是听不进去的，直接指出就更没效果了。所以争论还是无谓的，哪怕明知他是错的，也要抱着把工作做好的态度对待问题。在执行过程中，可以尽己所能地调整方向或者放慢脚步，使错误不至于太严重，以便老板在执行过程发现不对劲的地方，还有挽回的余地，不要为了和老板斗气，在执行的过程中恶意把他的错误扩大化，达到无可挽回的结境地记住，老板的底线是权威，有时候一点小利益的损失，都比不上他的权威动摇，员工一定要摆正自己的位置，不要胡乱当“判官”，觉得仗义执言，为老板挽回损失，老板就会感激。老板犯了错，不能当面“开罚单”，也不可背后嘲笑，更不要计较他认不认错。老板即使最后认识到自己错了，也很少会公开认错，更不会向下属认错，犯错是一种无能的表现，但也是合理的偏差——人都会犯错，可是被下属批评，向下属认错，就是反复强调这种无能，身为老板怎么能容忍如此一再损害权威呢?

金无足赤，人无完人。老板也是凡人，凡人就犯错误，职场中遇到老板出错时，一定要摆正自己的位置，不要顶着来。当众指责老板或者压着不处理，这是非常不妥当的，不尊重老板，老板就不会重视你。老板犯了错，应该在尊重他的前提下，用他能够接受的方式提出问题，第一注意要不影响老板的威严，第二注意不要耽误决策的执行。

找借口推卸责任，往往也将机会拒之门外

『成功的人找方法，失败的人找借口。

——佚名』

员工对企业的责任感，是一种生产力，做每件事情都把责任感贯穿始终，不以敷衍的态度对待，不为失误辩解，假如每个员工都能做到这种程度，那么这个企业也会发展良好。

现实中老板最讨厌逃避责任的员工，如犯了错不承认，麻烦来了马上避开，遇到指责先为自己开脱，一点儿亏都吃不得的人，这类人没有员工意识。智者千虑，必有一失，谁都有失误的时候，犯错不可怕，关键是犯错后采取什么样的态度。很多人会急于解释失误的原因，甚至找借口推脱自己的责任，我们常会看到这样的情景，上司非常着急，大声质问："这到底是谁负责的？"话音落下，要不就是一片沉默，要不就是找借口的声音此起彼伏……

很多人犯错之后，从内心深处就开始为自己找理由，喜欢强调客观原因，自然就更不敢向外人承认错误，承担责任了。大多数人为失误找借口，根本原因还是想为自己"脱罪"，不愿背上责任，选择对自己有利的话来说，以为可以逃脱责罚，维持良好的自身形象，可是管事的人们也不蠢，他们怎么会看不出谁对谁错，谁可担重任，谁不可亲信呢？所以，这一部分人在找借口的那一刻，已经被"当权者"划在"重用"之外了。

谭力在升为项目经理之前，还只是一个普通的建筑工程师。有一次公司接了一

个项目，让谭力做工程预算，由于业务不熟，导致预算差了几万块钱，报上去大家谁也没发现。在项目快要实施时，当时的项目经理因有多年工作经验，凭直觉觉得不对劲，便给谭力打电话说可能有问题。谭力赶过去一看，仔细核对后发现了错误。谭力没有任何推脱，也没说“这么久了就没有一个人发现吗？”只是赶紧从头开始做预算，把正确的预算表交给项目经理的时候，再一次对工作的失误表示了诚恳的歉意。

在以后的工作中，谭力更加努力精进业务，特别留意各种细节，并且极力地改正自己的各种陋习，他只是不想再犯那么低级的小错了——太没面子。这一切，上司看在眼里非常欣赏，后来另开一个项目时，亲自委任谭力担任项目经理。

谭力受宠若惊，表示自己经验还比较少，上司笑着说：“谁都会犯错？关键是态度，你的态度让我觉得你行，这一点是我这么多年在很多年轻人身上都找不到的。”

其实任何错误都有挽回的余地，不要辩解，应马上处理，事后注意总结改正，问题解决了就好。所以主动坦诚自己的错误没那么严重，反而会在领导心里加印象分，就算错不在你，也请不要找借口，及时采取措施弥补失误，将损失降到最低。最没有责任感的行为是，明明就是自己犯错了，还想找借口掩饰自己的失误，这时的辩解往往是苍白无力的，错了就是错了，应该把精力和时间花在后续工作上，而不是急着为自己开脱责任。

犯了错应该多从自己身上找原因，让自己显得专业一点。没有任何借口，应该是员工的第一理念，要想尽办法去完成工作任务，出现失误勇敢承担责任，不浪费“掩饰”的精力，团队出错注意反省，不要把责任推在别人身上。无论是编造的借口，还是合理的借口，领导根本没有时间和心情听“借口”，或许第一次可以博取他的同情，可是有了一次就会有两次，因为一旦赢得了这种同情，犯错的人心理上会松懈，人都是有惰性的，下次难免还会犯同样的错误。两次、三次，许多次过后，借口就没那么好用了，不专业还是其次，领导会觉得你这个人品德有问题，不仅不会重用，连日常中的小机会都不会给予，严重一点的，会被炒鱿鱼。

承担责任后，也要找对道歉的技巧，才能让别人觉得你在反省。首先是承认错误并表示抱歉，也就是对错误坦白，其次是表示遗憾对错误造成的影响，最后是稍微表示一下以后该怎么做。负起工作中该负的责任，无论大错、小错，还有主要责任、次要责任、没有责任，姿态要放低一点——先反省。太过骄纵的人在职场中必定是吃不开的。其实老板不怕员工犯错，就像生意不保证一开始就赚钱，可能还会赔掉一些成本一样，都是预料之中的。员工需要成长的时间，企业是愿意付出成本的。怕就怕过分油滑之人，总在为自己的过失找借口，总在为自己减轻责任，总在考虑自己的利益，这种人是无论能力多强，都没有归属之心的。

我们要学会面对错误、利用错误，让领导看到我们的责任感，同时要学会如何承担责任，如何从错误中吸取经验，只有这样的态度才会在职场中赢得尊重。

人非圣贤，再谨慎的人都有犯错的时候，与其把精力放在开脱责任上，倒不如负起责来，诚恳地认错，努力地改错，尽力地修补差错，从中吸取教训。这样的言行不仅会让老板另眼相看，也会让自己在承担责任中磨炼心智和能力，最终成为可望之材，收获事业的成功。

抱怨是消耗，反省是补给

『反省是一面镜子，它能将我们的错误清清楚楚地照出来，使我们有改正的机会。

——海涅』

职场之路不顺，你会抱怨什么？老板不识货？同事太小人？下属太白痴？家人拖后腿？

这世界上喜欢找客观原因抱怨的人，不成功多半都是主观原因所致，因为他们不懂得反省自我。在职场中拼搏是每个人都要经历的，永无止境地一味抱怨，而不去反省自身，将会使职业生涯陷入“怪圈”。

抱怨公司太小——你到大公司就能干好？抱怨老板不惜才——你真的是一匹千里马？抱怨下属太愚蠢——自己做好榜样了吗？抱怨同事太小人——你真心实意地帮过他吗？所有的抱怨，都是在消耗自己的生命，这世界没有一个机会是现成的。“机会”是由无数人做出各种努力，得出成果积累起来的，想想你自己有多努力，有没有资格得到这个机会。

办公室里的莉莉又在大发娇嗔：“为什么黄媛媛接的都是轻松活，我手上的几个客户，个个难缠啊！”过了一会儿，她又在发脾气：“破电脑又死机了，就不能换个好点的吗？行政部的，快来。”

中午吃了饭，遇到主管，莉莉又乘机撒娇：“那么短的时间出一份报告，根本不可能啦！”主管只是笑笑，说：“这是你自己的客户啊，媛媛也不能帮你。”莉莉嘟囔："黄媛媛怎么老是这么好运，我怎么老是遇上这种破事。"同事们在旁边都笑而不语，也懒得理她。莉莉是公司出了名的"娇小姐"，说起来是爱撒娇，其实是爱抱怨。久而久之，原本可怜她的同事也看穿了她的真面目，收起了同情心。

不是公司的同事们冷漠，实在是莉莉太爱抱怨了，哪怕是一些鸡毛蒜皮的小事，其实每个人的事一点儿都不比她少，可她就认定了数她最倒霉。这一切，主管都看在眼里，从最开始觉得这个小姑娘挺惹人怜爱的，到慢慢地觉得很烦了，整天听她的坏情绪，办公室里每个人都很烦躁，几次都想劝退莉莉，后来想了想，毕竟没犯什么大错，也就留下了。

但三年下来，莉莉在公司从未得到任何提拔，工资也没有涨，自然也是主管授意的。这种"缓慢地上升"在这家公司几乎找不到第二个案例，莉莉心里也明白，更加重了不满情绪，每天唠唠叨叨个不停。主管心里早已下了决心，年后就劝退莉莉，既然做得这么不开心，不如放她一条"生路"，也给别的同事一条"活路"……

现实中和莉莉一样的员工不少，有男有女，总是抱怨自己得不到公平的对待，觉得自己最努力，别人没有尽心尽力，可是一旦自己犯了错，便会找各种各样的理由来开脱。职场的竞争激烈残酷，在这个高压的环境下，还不断用抱怨来消耗自己，变得跟刺猬一样惹人讨厌，于是就产生更多的抱怨。

不抱怨，不是说所有的好坏都由自己吞到肚子里忍着，而是要积极地反省自我，找出解决问题的办法，接受现实，在经历中成长，即使犯了错，也有犯错的收获。时间对每个人来说都是公平的，怎么活是自己决定的，在职场中想获得成功，请停下不断地抱怨，鼓足干劲，做好自己。

第一步，如果你还不能够停止抱怨，请分析一下抱怨让你失去了什么。诚然，抱怨有时候可以发泄情绪，可以推掉一部分责任，但抱怨太多了是浪费自己的精力和时间，摧毁了健康的人际关系，并且让人辨别不了自己的错误。

第二步，考虑是否该停止抱怨。抱怨什么也得不到，就算你的抱怨是有理可循的，但是这种行为只会让你的竞争对手得意，让你的伙伴失望。抱怨是一种会上瘾的毒品，但只要我们愿意，随时都能戒掉这种"毒品"的，只要忘掉这件事，忘掉这是一件可以执行的事，没有了依赖，这个坏习惯就不会延续。

第三步，冷静思考，认识到自己的过失。当一个人还是主动承担责任时，意味着他开始反省进步，不再专注盯着外在的短期收获，把更多的精力放在思考上，自然会觉得充满力量，清楚地感知到自己的长远目标和发展方向。

第四步，爱上自己周围的一切。不再抱怨自己所有的和得不到的，开始珍惜自己拥有的，努力争取自己没有的，伟大的工作计划即将展开。不抱怨会给自己带来自信，给工作注入活力，开始详细地规划自己该做什么，由一个个小目标的实现，预见到未来会更美好。或许你曾经是埋怨全世界的人，但你现在却是个满心欢悦、努力奋斗的人。

反省是一种补给，抱怨除了消耗人的精神外，也在消耗人本身的能量。常常抱怨的人，抱怨心态会成为生活的主题曲，终日唉声叹气，它唯一的结果是让情况更加恶劣。“会哭的孩子有奶吃”这条定律在职场是行不通的，当我们对工作产生厌倦，对同事诸多不满时，抱怨只会让这种烦恼更加具象化，给别人一种没有实力、自控能力弱的感觉，也就是常说的智商、情商双失，根本不可能引起别人的同情，只会吸引更多的批评和厌恶。

不过，抱怨虽然没有任何好处，但让一个人完全不抱怨也是不实际的，特别是在职场这个尔虞我诈的环境下，完全不抱怨，情绪无法宣泄，太憋屈了也会生病。但我们要尽力避免让抱怨成为习惯，停止不合理的抱怨，用反省代替抱怨，不抱怨的不一定会成功，但不反省的人一定不会成功，并且心态应该更宽容一点，比如坦然接受别人的抱怨，并且能够妥善地处理。

与老板对立，就不要奢望他做助你事业腾飞的贵人

『越是无能的人，越喜欢挑剔别人的错儿。

——佚名』

聪明人不喜欢跟老板较劲，有统计显示，职场中30%的人与老板关系很好，55%的人与老板关系一般，10%的人与老板关系不好，经常背后抱怨，5%的人与老板经常有冲突。而5%的人与老板起冲突的原因是什么呢？

原因有三：

一、地位不平等，经济利益难免会有冲突，在任何性质的企业、单位都难以避免。

二、沟通不畅，员工与老板（领导）之间最常见的问题，就是缺少沟通，员工不好意思沟通，不敢沟通，更不知道如何沟通，老板没时间沟通，也不重视沟通。

三、员工的心态不良，没有摆正自己的位置，常跟老板较真。精神分析学指出，每个人都会有不同程度的自恋，以自我为中心，潜意识中会假设自己"很强"、"很正确"，这样的话，往往会忽略别人的优点、长处。员工是这样，老板因为地位的原因，有时候会发挥得更过火，假如其中一方觉得对方如己所愿，会产生一种"自恋性愤怒"，在心理上开始排斥，以直接或间接的方式来发泄，从内心把对方推得更远，很多员工和老板之间的冲突，就是因为在潜意识中双方都在相互排斥。

很多在职场郁郁不得志的人都觉得：老板的水平低、没素质，怎么就能当上老板呢？怎么就没发现我的优点呢？他们不懂得自我反省，只盯着老板的短处，还想

把自己的意志强加给老板，怎么能讨老板喜欢？

在各行各业中，人品最好的不一定能当上老板，业务最精的不一定能当上老板，头脑最聪明的不一定能当上老板，反而各个方面都差强人意的能当上老板，这还真是个普遍现象，这也导致了很多下级摆不正自己的职场位置，与老板较真，一再触及领导的底线，好像他才有资格坐老板这个位子。

这其实是非常错误的心理。汉中王刘备，论耍刀不如关羽，舞长矛赶不上张飞，运筹帷幄比不上诸葛亮，就是这么一个“平庸”之辈，偏偏统领手下的文臣武将，与一代奸雄曹操、江东豪杰孙权形成三足鼎立之势。也许有的人会说——还不是因为刘备有背景。但是你为何不深入想想刘备的德呢？职场中，也有不少人这么安慰自己，老板没能力，只是因为：出生好 / 有背景 / 赶上好时代了。人要成事，本来就讲究天时地利人和，假如老板本身有一些资源，也只能说明他善于利用这些资源，和他在同一起跑线的，肯定还有很多人，但不是人人都成了老板的。比如刘备，在用人之道、关系协调、任人唯贤、管理差遣等方面无人可比。他手下那些文臣武将，看起来个个比他有本事，但都被他收入麾下。

所以老板真的没你能耐大吗？也许他背后的付出比你多多了——劳累、责任、压力，他所挑战过的风险，也许是你再成长二十年也不敢承担的。每个人都应该加深对自己的认识，加强对别人的认识，才能纠正对老板的认识。

弄清了这一点，也许就没那么多怨气了。老板自有他的“能耐”，别管这个“能耐”来自哪方面，总之他现在是老板，就是可以管着你！遇事不服，专门与他作对、较劲、逆反，是一种极其幼稚的表现。

职场中的事，一定要理性对待，有些事想不通、看不惯，也许是位置不同，看事情的角度也不同。如果能够换位思考，站在老板的角度看问题，也许计较就没有那么多了，比如老板考量的是这个员工能带来多少直接效益，假如员工整天在考量自己做了多少事，这个思维就接不上头，就会出现做了苦力却没相应回报的现象，员工虽不服气，但老板却觉得再正常不过了。

与老板搞好关系很有必要，绝对要避免矛盾，也许参照以下爱的方法，会让自己轻松很多：

一、接受地位上的不平等。他就是老板，你就是下属，必须听他的，即便换一个地方，你也还是下属，会有另一个老板来管你，除非是自己上进，有一天成为了老板。对老板的一些批评，应该采取超然的态度，有错就改，让老板心里舒服，不找茬儿。要把更多的精力投入工作中，高质量地履行自己的职责。要知道，尽可能地完成工作，并且做到最好，是与老板搞好关系的前提，有的人通过消极怠工的方式来反抗老板，只会让关系进一步恶化。

二、一定要加强沟通。加强与老板之间的相互理解，减少可能的误解，在工作中要善于表现，一声不吭的“老黄牛”，就别怨老板看不到你的努力。在任何环境中，都要学会把自己的强项表现出来，何况是力争上游的职场？让上司知道你的能力，让能力得到肯定，沟通很有必要。

三、换位思考。老板不好当，如果自己有过创业的经验，肯定会深深地理解这一点，就像汉堡包中间的肉饼，上压下挤，上面有市场、收益压着，下面有员工要吃饭压着，还得对所有的环节、进度心里有数，内心苦恼、疲惫得不行，表面上还得装成状态良好。

四、不要动不动提出威胁。你要走，就干净利落地走。找份工作很简单，老板要招个新员工更简单，哪怕你是精英骨干分子，太过分了，老板也无法忍受，何况你没什么本事？不要因为和老板关系不好而轻易跳槽，这个原因太可笑了，为什么不好好反思自己的行为，是因为什么导致了目前的困境，会不会到了新环境，又遇到老问题？要知道，自省的良好习惯是会让人终身受益的。

任何一段关系都需要相处的过程，和男女朋友如此，和老板也是如此，他是开工资的人，哄一哄有何不可？职场中“安全”永远比“胜利”重要，那些“聪明”人往往下场得最早，因为老板不喜欢有人比他聪明，也不喜欢被人指导、教导的感觉，所以再聪明也请收好聪明，不要仗着“聪明”和老板较劲，最终被“聪明”耽误了前途。

学会示弱：不争者反而容易成为最后的赢家

『成大事者，争百年，不争一息。

——冯梦龙』

前些日子，在网上联系上了老同学王志云，两人都感叹时光飞逝，一番嘘寒问暖下来，当我问及李云飞的现状时，他发了一个非常郁闷的表情过来。算一算和我同龄的人都大学毕业十几年了，按理应该都在事业上有些成就，王志云却发了这样的一个表情过来，我不禁地问他："郁闷什么呢？老同学，别谦虚啊！"王志云说："一言难尽啊！哪天见面聊。"

恰好过了不久，我俩都被派到 A 城出差，特地安排了时间相聚。席间，王志云满脸郁闷地对我说了他的现状——单位十年，还是个小职员。我难以置信，王志云从学生时代就非常聪明，后来考上的也是国内某名牌大学，在哪个单位都应该受重用啊！

王志云愤愤地说："你也觉得奇怪？不奇怪，在中国，排挤人才，嫉妒人才，压制人才，都是常有的事。"听了他的诉说，我不禁为老同学怀才不遇而感到深深地惋惜。

后来我又遇到一位老同学，和王志云在同一个城市发展，两人走得近些，我与他聊起王志云，这位老同学倒有另外一番见解："王志云这个人我了解，聪明、上进，就是有时候不懂收敛自己。刚进他们单位那几年，'刺儿头'是整个系统都有名的，锋芒毕露，争强好胜，恃才傲物，不把任何人放在眼里，在单位里很不受同事、领导的欢迎。说实话，要不是他还有点真本事，早就被踢到乡镇去了。”

我明白了，这种事在职场中太常见！一个人的不得志，不是输在能力上，而是输在做人上，之所以得不到领导的器重，得不到同事的支持，主要就在于这个人太“强”，强到让人感到威胁、压迫，让周围人十分不舒适。强大固然让人敬仰，但太强，就会因刚而折，职场中做人过于盛气凌人、不可一世，就会让人望而生畏、敬而远之，使自己陷入孤家寡人的境地。在对待工作的时候，任何一项工作都需要团队合作，否则，一个人的能力再强，仅靠一人之力，也无法把控全局。其实有时候一项工作，即使不需要团队合作，也可以带上团队，这是一种为自己加分的技巧。

说白了，就是要学会示弱。比如在自己完全能搞定的时候，向团队求助，表示自己一个人搞不定，需要你们的帮助。这样可以稍微掩饰一点过露的锋芒，风头越劲，就越需要这些招数。示弱是一种生存智慧，最强大的人是强在心里，柔软在表面，强者示弱，不但不会降低自己的身份，反而是一种获取成功的手段，可打造自己的个人品牌，彰显人格魅力，赢得别人的尊重。在自己没那么强的时候，更要懂得示弱，才能更好地生存下来，最愚蠢的人是没什么本事，还一心想要强出头。

示弱是一种低调。我有一个新加坡的富商朋友，常年用着一个很旧的公文包，虽然是名牌真皮，但实在太旧了，我问过他原因，他这么说：“做人低调些，就跟吃饭细嚼慢咽一样，不要让自己太紧张。”细想一下，的确如此，低调、谦逊一点，表面是在照顾别人的心情，其实是给自己留空间呢！职场中示弱就是一种低调，这样可以避免很多不必要的麻烦，所谓出头的椽子先烂，做人的道理也一样。

示弱不是不争，是暗地里较劲，表面上不争的人往往是最终赢家，就像有句话说的那样：你必须非常努力才能看起来毫不努力。职场上遍布荆棘、迷雾重重，谁也不要自信自己的拳头最有力，中国功夫中的太极，看似轻飘飘，却可以让一个身板单薄的男人打败体格比他大一倍的男人，这就是“四两拨千斤”的奥妙。力量从来就不是输赢的唯一指标，职场中有不少能力强、智商高的人，毕竟大家的起点都差不多，为什么十年之后，每个人的高度就不一样了呢？光有力量还不行，还要有智慧，智慧产生技巧，用技巧通关职场，才能从“劳碌命”晋升为“精英”。

示弱是一种极致的技巧，当人处在一个“固定值”的时候——这个固定值包括能力、平台、年龄，就很难改变自己的“强弱值”了，很多东西都已经固定，只能在这个环境中利用手头仅有的东西，纵向往上爬，这个时候示弱，可以让自己处在最有利的位置。当然，示弱也要有把握，前面说过不是不争，是要“争”的得体一点。职场中也会遇到一些喜欢恃强凌弱的人，如果一点儿都不“争”的话，生存空间会被不断地压缩。对付这种人，一开始可以示弱，是一种以退为进的表现，但示弱不等于一味妥协，该说的原则问题一定要说，比如被这种人抓到把柄，马上承认自己的错误，是示弱，再反击这种揪同事小辫子、事前不帮忙的行为是下作，语言可以稍微委婉一点，最好用暗示，这是不妥协。

职场上，示弱并不代表完全妥协，而是隐藏自己的一种方式，提高自身“安全”，就像卒子只能顺着走一步，但是因为不引人注意，被吃得没那么快，可以静悄悄地往前走，过了河就开始控制局面，说不定就把帅夺了，有的人刚入职场，就想当车、马、炮，金戈铁马，准备一番厮杀，怎能不引人去把他“吃”了呢？

Chapter 7

跟客户讲理，不如讲交情

在职场里，客户是我们尊贵的“上帝”，客户决定着我们的业绩和前程。在生意场上，如果与客户太过讲理，只认钱而不认人，只看到利益而看不到人情，甚至发生矛盾的时候固执地认为客户的错误必须客户认账，长此以往，损失最大的恐怕会是你自己。所以，别跟客户太讲理，多和客户讲交情，这样才能赢得客户的心，做成越来越多的生意，做出越来越多的业绩。

“顾客永远是对的”？是的

『把顾客的事当作自己的事来办，设身处地多为顾客的需求和利益着想，没有不成功的事业。

——林玉梨』

客户永远是对的，这是商场上的第一准则。这里的“对”与“错”，不是说立场，而是说对待客户的服务心态，虽然有的人会认为不够客观，但放在利益场上，把客户的需求放在第一位，是每个生意人都要坚持的。

客户的要求，再小也是大事；自己的事情，再大也是小事。为什么？也许有的人又会觉得——太没有是非观了。在生意场上讲道理、评是非，如果这个人是个经营者，就是个不成熟的老板；如果这个人是个管理者，就是个不称职的领导；如果这个人是售货员，也绝对是个不合格的售货员。我们需要做的是为客户服务，不需要批评客户的立场。

微软之所以如此成功，就是懂得尊重客户的意见。从1985年起，微软开始收集客户问题，1991年，微软又开始了逐步建立客户的反馈链。最开始微软使用的是电话系统，随后又开发了不同的工具，从电子邮件、网络新闻上收集数据，而现在微软已经可以有了成熟的系统反馈来收集用户的意见和建议，其内部有硬性指标，90%客户的反馈必须在两天之内回复，三天以内必须找到解决问题的方案。

这是比尔·盖茨的思想理念，他不仅在产品研发方面投入巨资，在开发软件的过程中，微软更是注重倾听客户的声音，专门设立了倾听用户需求和提升用户体验的机构，比如微软企业工程中心，给企业客户模拟出一个真实的应用环境，直接让客户和产品组交涉、讨论，了解用户需求，解决实际问题。

微软公司前任总裁鲍尔默也是注重客户反馈的典型代表，他就住在微软公司的总部附近，方便他随时优先保证两件事：一是公司高效运转；二是最大限度满足用户的需求，比如任何用户任何时间都可以直接给他打电话。

第一次听到这件事的时候，我个人内心是质疑的，因为太不现实，但通过后续了解，发现这个“传闻”是真的！当美国 ABC 广播公司的视窗 NT 出现故障时，鲍尔默从西雅图赶到纽约，千里迢迢亲自前往解决问题，第二天一早就得到了解决，这就是微软的效率。

微软员工的年度奖金跟全球的客户满意度直接挂钩，总裁也是这个考核标准，它的企业文化是以客户为中心，最重要的是客户服务，强调“自我检讨，自我改进，不断追求完美，坦诚而负责”，我想这就是微软的成功之处。沃尔玛也有两个类似的信条：一顾客永远是对的；二如有任何疑问，请参照第一条。

有一个一百减一等于零的理论，最早来源于监狱的纪律，也就是说，一个狱警不管他干得有多好，只要众多犯人里逃掉一个，便是永远的失职，因为逃掉一个罪犯，就可以引发一个区的居民恐慌，所以这个纪律是非常合理的。这个纪律后来被管理学家引入到了企业管理和商品营销中，很快就得到了广泛的应用和流传。如今的商场，大部分的生意，都可算作服务行业，为客户服务，百无一失是极为必要的。

要与客户达成交易，需要“一百”的满意度，包括产品质量、服务质量、售后质量等全方位的满意度，对客户提供的每一个细节都要有着不同的分值。假如有的人觉得：其中最重要的是产品质量，最不重要的是服务质量，反正我的产品好，我根本不怕没有客户。这种态度完全错了，是在大大降低了自己的竞争力。就算服务质量只有一分，少了这一分，没有达到一百分，客户也不一定要选择你。要知道，产品质量和售后质量等许多其他的分值，都是基于服务质量的，比如产品的设计和安装、售后的态度和流程，都会涉及到服务质量。

对客户而言，在完成交易之前，乙方的服务质量只有好坏之分，不存在较好、较差的比较等级，好就是好，不好就是零，马上可以换一个乙方来服务。所以客户的满意度大于一切，他们的要求是主观的，不可能迁就乙方的想法、理念，要保证他们的满意度，不可挑剔、不可计较、不可抱怨，只有服从，顶多是引导，这就是他们“永远对”的真实含义。

任何事物发展都有突破口，注重细节就是做生意的突破口。细节，从字面意思理解，是指细小的环节或情节，在生意场上，很多人会忽略客户的意志，而只是以自己的意志灌输给客户，想给客户最好的，却忽略了客户最想要的，包括很多职场老将也常常会忽略这个细节，以至于错失良机。客户的“最想要”就是他“最需要”的，也许在你这个专业人士眼中，并不是最好的选择，但请记住，这个细节就是交易突破口——客户要求的永远是正确的。

要成为一个成功的职场人士，就会从事需要面对客户的工作，那么每天都要在内心默念无数次——客户是对的。要尊重客户的意见，以这样的态度，才会让客户感受到你的诚意，而不是与客户计较“你对他错”。总而言之，客户最需要的是服务，而服务好坏的决定性因素就是态度，产品、方案都要依靠好的态度来执行和完成。

只认钱不认人，生意很难做得长久

『行路难，不在水不在山，只在人情反覆间。

——白居易』

我朋友自己经营了一家小小的服装厂，多年以来，见过形形色色的势利者，基本上每周都会遇见一两个，早就见怪不怪了，他告诉我一件事：别看现在蹦得欢，早晚得玩完。生意场上其实每个人都很势利，但势利过头了，朋友就少了，仇家就多了，再得势也不会长久，这是我朋友以人生经历总结出来的经验。

势利是人间常态，是人性的自然表现，特别是对生意人来说，除了理想，主要目的还是一个“利”字，不势利的人就没有上进心。做人可以势利，但不能太势利，太势利就是品德有问题了，会影响人际交往，对事业的发展是非常有害的。

若干年前，我父母的老家村里出了个大老板，逢年过节，门庭若市。因为其手里的物资紧俏，当时他根本不愁生意，所有人都是巴结着他做生意。可惜这个人过分骄横，不是大公司大企业一概不理，还胡乱抬价，谈价格的一律请出。有一年秋天，他的一个亲戚做生意亏损了，想从他手里倒点东西渡过一劫，因为知道他的为人，出的价格也是正常价格，不想让他为难而后被他为难。可是大老板最后没有将货品卖给这个亲戚，因为事情临到关头有一个企业出了比较高的价格，他还是变卦了，亲戚被迫背井离乡去找活路。这件事之后，大老板的风评更差了，很多硬气一点的老总都不想与这种人合作。不出五年，大老板的“靠山”倒了，他再也拿不到紧俏物资。此时市场也开放多了，他的生意越做越难，加上他的胡乱投资，终于把钱败光，将近破产，只得回到家乡用余钱修了一栋房子。他回家的第一年过年时，小儿子站在门口玩耍，看到了几个熟悉的伯伯，手提着东西，走向他家对面的一户去了，天真无邪的孩子大声说道：“伯伯，你们住在这里，走错了，我家在这儿！”拜年的人们尴尬不已。

就在去年，这些人还给大老板送礼，今年过年，乡里乡亲的却连个探望的人都没有，可见人之势利，但也可见大老板人缘之差，一落魄大家都不愿搭理了，这件事还被乡亲们传为笑谈，可见做人之失败。退一步说，假如他当初没这么势利，今天也许不会这么落魄，生意场人就算是因为利益往来，有了交情，也总有个你帮我我帮你的时候，大老板只看钱不看交情，一败就如山倒。

关于“势利”的问题，古人特别的称法，叫作“市道”之交。市道，是指市场上的生意买卖，只看是否有利可图而已。赵国廉颇因长平之战被免，门客纷纷离他而去，等到廉颇再次被用时，他的门客又纷纷归来，廉颇对此不免有所抱怨，其中一个门客就安慰他说：“夫天下以市道交。君有势，我则从君。君无势，则去。此固其理也，有何怨乎！”被养着的门客尚且如此，生意人对着客户，自然是追着“利”跑，哪里有“利”就去哪里钻。虽然目的是如此，但行为上可以收敛一点，技巧上可以灵活一点，不要把势利表现得太明显。

恰当的势利应当被称作“圆滑”，皇帝也知道讨好有战功的将军，这种恰当的势利也是建立和谐人际关系的需要，比如对领导打起十二分精神笑脸相迎，对下属则可以放松一点；过年过节给当权者送礼，对退位者送的礼就小份一点。这都是非常正常的现象，人都会有这种心理，这样做会让人感觉圆滑并不讨厌，讨厌的是过分的势利，比如对领导恨不得跪在地上摇尾巴，对下属就恶语相加；对当权者就送大礼，对退位者理都不理，装作不认识。

放到生意场上，最坏的势利行为就是“认钱不认人”，对尊贵一点儿的客户就笑脸相迎、极力服务，对小一点儿的客户就爱答不理、敷衍了事，看钱行事，一点儿人情都不卖。生意场上讲究人情投资，在中国，很多时候业务不是谈出来的，而是喝出来的，足见人情的重要性，太势利、太计较的人，一般谁也不愿意给人情，其不仅局势小，做什么都不顺，所谓“人情送匹马，买卖不饶针”，他跟别人计较，别人也跟他计较。势利的生意人被人看破了人品，有机会也没人愿意拉一把，有挫折只会被人踩几脚，再说未来不可预料，每个人都会有高低起伏，若势利相对的人有朝一日起了势，小气一点的，自然抓住时机了就会报复。

表面上总在吃小亏的人，比那些一点儿亏也吃不得、总在计较、总想占尽上峰的人，人情要积累得多数倍，这就是可持续发展的关键点。人人都可以做个势利的人，但表面上一定要诚恳，哪怕是装出来的，也要表现得“我不势利”。势利终究是个贬义词，即便一个人本身非常势利，但也不会喜欢一个势利的交易伙伴，这不是他在厌恶自己的价值观，而是人之本能。很多时候示弱是一种技巧，你表现得老实一点、重感情一点、好掌控一点，比变得蝇营狗苟讨人喜欢得多，人脉也会慢慢地积累了下来，生意也就会长久地做下去。

被客户批评是平常事，不要太在意客户的批评

『人们在批评的筛子里寻找一切奥秘。

——史文朋』

生意场上，谁都渴望得到客户的赞许进行顺畅的交易，但现实往往不是如此，我们常常面对的是突如其来的指责、莫名其妙的冷遇、毫无理由的挑剔。沮丧吗？就这么想放弃吗？诚然，人本能地讨厌被批评，但在成熟且成功的生意人眼中，批评也许比掌声更有价值。

有些人害怕客户的批评，是因为不了解批评的真正意思，或者说，是不愿意去了解，一味地计较批评的表象——挑剔、指责。于是愚昧的人在批评中气馁，鲁莽的人在批评中愤怒，做一些无谓的辩解，更错误的是与客户争执，而不去关心客户批评中所带出的需求。

为何不想一想，如果你真的能让客户满意，客户又何来批评？他批评，正是因为他不满，不管是对产品还是对服务，应该把批评当成客户提意见的一种方式，更多地关注它背后的内容。虽然批评常常被冷漠、讥讽甚至谩骂包装，有点儿让人难以接受，但请记住一个基本原则——这是事业，为了事业，每个人都应该并且肯定会有所牺牲，没有谁能随随便便成功，如果一个人能在工作中抽离个人情绪，像品味褒扬一样，不回避批评，细细咀嚼，自然会感受到批评的“效果”。

请学会消除对抗的情绪，当客户提出一些负面意见时，心中可以想着：这些批评其实是对我的信任和期待。不仅不可打断，也不应烦躁，反而应该鼓励客户将话

说完，引导客户说出更多的细节，同时通过探询的技巧，争取和客户一起寻找问题的解决方案，这不仅是在消除自己的对抗情绪，也是在消除客户的对抗情绪。如果你总是想着：客户是不是讨厌我这个人，故意在找我的茬儿？客户的对抗情绪只会越来越强。

我们要明白，每一个批评都会包含着批评者的个人意见，每个批评者都会有他们个人对你的判断，所以客户的批评在大多数的时候会非常主观，再加上每个人个性和表达方式又是如此的不同，所以不要苛求客户能做到公正、公平、公开。他们的批评，除了职业的、专业的，肯定会有一些个人想法在里面。我们要学会忽略这一部分，抓住其需求的重点就行了。也就是使用 80% 原则，在所有的批评中，忽略那些无中生有的 10%，以及对你个人偏见的 10%，重点听取关键的 80% 的意见，对客户本人也要有一些了解，比如他的专业背景、工作经验继而审美倾向等，关注重点和了解充分，也能得到有效信息。

有的人能够忍受住批评，不会有情绪上的问题，但又犯了一个错——不把批评当回事，在和客户打交道的过程中，好像失去了“荣辱心”。客户批评，就随便他批评，自顾自地说自己的，这也是不恰当的。

客户在生意场中是利益的来源，所以无论是个人事业还是服务公司，只要是面对客户的工作，最大的使命就是把握住客户，满足客户不断增长的需求，是把握住客户的关键，尤其在这个群雄并起的时代，竞争非常激烈，不付出努力，客户就会流失。了解客户的需求一定要学会聆听客户的意见，批评只是其中的一种，不要恐惧批评，善于利用客户的眼睛发现自己的不足，从而达到新的高度。

把客户的批评当成一种课程，从中学习、发现自己的不足。

美国沃里科公司经营管理了 15 年的弗里斯特市电视机厂，该厂一度有员工 2000 人，无论从产值、规模，还是职工数量上来说，都是弗里斯特市的重要企业，但是沃里科公司管理不善，屡屡出现质量问题，厂里生产的电视机居然有 10%过不了本厂的质检关，必须返修才能出厂。销出的电视机由于质量不佳，用户怨声载道，他们也不重视用户的批评，致使弗里斯特市电视机厂陷入重重困境。后来，日本三洋公司接手管理，扭转了这种局面，三洋公司没有用什么特殊的法宝，只一点：重视客户的批评，努力针对改进，唤起了全厂上下的客户意识。

在批评中寻求反馈，客户是一个“特殊人群”，不可采用对待亲人、爱人、同事、朋友的方法来消化他们的批评。当客户提出批评时，最重要的是找出解决问题的方法，“这件事有没有更好的解决方法？”、“他需要我做些什么事情？”“我应该做到什么程度？”，把客户的认知引到事情本身上面，让他觉得你不仅是一个非常专业的人，还是一个非常谦逊的人，让他感觉到你在全力地帮他解决问题。

调整自我才是面对客户批评的积极反应，面对负面的意见和反馈，很多人常常准备不足。最本能的反应是辩解，但面对客户，最好克服这种本能上的反应，简单的辩解是于事无补的，面对批评，回头做足“功课”，才可能最终解决问题。

人的本性都是这样，挑错的能力往往比发现优点的能力强，面对“批评的世界”，一个合格的生意人，既不应该妄自菲薄，也不应该强词夺理，而是要本着尽力解决问题的姿态，冷静应对。我们要明白，客户的批评不是针对你一个人，他们同样也会批评你的竞争对手，通过批评，也许你的竞争对手会进步，所以千万不能放松落后，注意过滤出有用的信息，真诚地接受和感激批评，这样有助了解真相、排除误解以及建立长久的信任。

动不动就与客户争辩，是做生意的大忌

『爱人者，人恒爱之；敬人者，人恒敬之。

——孟子』

这个周末，我陪妻子在商场闲逛，恰好路过一家健身器材店，听到了一段有趣的对话。

导购："先生，您看了我们公司的这些健身器，有没有喜欢的？您刚刚试的这款跑步机，您觉得怎么样？您现在觉得怎么样？适合您吗？"

顾客："还行吧！只是这种健身器太占地方了。"

导购："您锻炼不是需要这个吗？房子大的话，也不怕浪费这个空间，健康最重要。"

顾客皱眉："我家里不大，还是不买了吧！"

导购："您刚刚不是试得很满意吗？怎么又不好了呢？"

顾客："我就是觉得不适合我，买回去也是放着。"

导购："其实现在这社会啊！钱都不重要，健康最重要，这个跑步机虽然贵，但是可以用很多年，划得来。"

顾客有点来火了："这不是钱的问题，我就是不想买了。外面的大马路那么宽，我想跑，随时可以跑，何必买这么个东西占地方。"

导购："话不是这么说的，室外污染太严重，哪比得上这台跑步机啊！"

顾客："话不是这么说的？那是怎么说的，我怎么说话要你来教啊？你还真是

管得宽。”说着就要走。

导购嘟囔：“那刚才别试这么久啊。”

顾客本来就出了门的，听到这么一说又回转身来，大怒：“你刚刚说什么？”

后面的事我没有再“观赏”下去，否则绝对是接收负能量。整件事情完全是导购错了。我相信这个顾客本来是有心要买的，而且是马上就要买了，毕竟健身器材店不同于服装和超市，是比较有针对性的销售场所，假如导购善于引导，这单生意肯定能成。坏就坏在导购太不会说话了，遇上一个和蔼的顾客不买也就走了；遇上一个强势的顾客别说生意做不成，工作都有可能保不住。

做生意不要急，永远不要否定客户的发言，更不要与他争论，我们的目的是做成生意，而不是在口头上“征服”客户。与客户发生争执，不论你是对的还是错的，结果都是对你不利的——那就是错的。最重要的是，你在失去一个客户的同时，也失去了很多潜在的客户，因为没有一个客户愿意花钱找罪受，比如我看了那个导购的言行，会对整个店产生恶感，为了避免挨骂，是不会去光顾的。

我们永远不会在争辩中获利，得到争辩的最大胜利，那就是尽量避免争辩，不与客户发生正面冲突，应该像避开毒蛇和地震一样。一场争辩的终了，十次有九次，客户会更坚持他们的见解，并且产生逆反心理，对眼前的人印象不好，生意就不可能做成，这是人之本性。只要是两个有独立思想的成年人，辩论总是无法分输赢的，假定你辩论胜了这个人，把对方的意见批判得一无是处，结果你自然很高兴，可是对方如何呢？你使他感觉到自卑，你伤害了他的尊严，他就会对你的得意洋洋感到不满，这就是世界上大多数辩论的结果。

每个人都必须明白，逆着别人的意见，说服别人时，他仍然会固执地坚持自己是对的，对于客户来说，是非曲直没那么重要，他想得到的是自己需要的东西，如果得不到，即使你在言语上将他说服，他也不会选择你，所以争论对增加业绩和利润并没有什么好处。

在销售过程中，我们总会遇到一些凶神恶煞、蛮不讲理的客户，他们凡事喜欢与人争论，期望在气势上压制。在这样的情况下，即便是明显看出客户在无理取闹，也请不要与客户“斗”，斗口舌、斗气势都不妥，生活中的争强好胜请留在工作之外。

试想一下，如果你与这样的客户发生争执，为一点儿小事争论不休，即便最后你赢了，取得了争执的胜利，但是你也因此扫了客户的面子，甚至将来可能会影响到你的事业、职业的发展走向。

“客户就是上帝”是一句让人听烦了的话，但如此经久不衰也足可证明它的正确性。做生意就是这样，有时候需要“无下限”一点，尽量满足客户的一切要求，在争执中让步，就是在满足客户的虚荣心，让客户高兴了，成功地将商品销售出去，这才是真正的目的。所以面对客户的责难或者不信任，不要争辩，最好的办法是顺从他们的意思，改进缺点也好，用事实证明也好，引开话题也好，一定要避免与他们进行正面冲突，这样才能博得客户的好感，获得真正意义上的胜利。

生活中我们可能连亲人、爱人的想法、观念都无法改变，那我们为什么还要试图改变客户呢？改变客户的想法、观念，这不是我们的工作，也是不可能完成的任务，辩得他们理屈词穷，有乐趣吗？在销售的过程中，不管客户有没有道理，符不符合事实依据，只要他们提出异议，就要保持积极的态度、顺从的言行。最好的销售是引导客户的想法，而不是改变客户的想法，事实上，每个生意人都面临过客户的责难，此时最重要的不是一味地争辩，比个谁高谁低，最重要的应该是把责难转化为鼓舞，让客户发表自己的意见和不满，不打断、不争辩，对双方都有好处，只有这样，客户才能感到自己受到了重视，我们也能了解到客户心底的真正想法，对交易的成功是极为有利的。“征服”也可以有很多种方式，客户是合作伙伴不是敌人，我们的“征服”应该是“攻心”为上，“攻人”为下，不逞口舌之利。

站在客户的角度来为自己说话才最有效

『我们每个人都是平等的，你只有用爱来交换爱，用信任来交换信任。

——马克思』

小时候，我父亲喜欢钓鱼，也常常带着我去钓鱼。开始的时候，我总是一条鱼也钓不着，父亲的收获却总是很丰盛，我天真地为自己狡辩："是我年纪太小了，不是我不聪明。"父亲点点我的小鼻头，说："你就是不聪明，你的钓鱼方法是错的。"我不解：都是模仿着父亲的动作来的，哪里出了错呢？

父亲说："你想钓到鱼，就要像鱼一样思考。"年幼的我不理解父亲的话，父亲也没有深入说下去。父亲多年来一直喜欢钓鱼，长大后我有了自己的家庭和事业，陪他的时间渐渐少了，三十岁的一天，我因为几个月都搞不定一个难缠的客户，周末回家看父母，心情还是很郁闷，父亲把我的表情看在心里，他约我去钓鱼。

和小时候一样，我钓了很久也没有收获，气得险些把鱼竿折断了，父亲哈哈大笑，说："你还是不懂鱼在想什么，何不把自己当成鱼，好好琢磨琢磨。"我还是一脸烦闷，不懂父亲的意思。父亲接着说："鱼是冷血动物，对水温十分敏感，通常喜欢待在水温高的水域，但一般水温高的地方阳光也比较强烈，鱼没有眼睑，阳光很容易刺伤它们的眼睛，所以它们既要水温高又要躲太阳，还要找食物，多半都是待在阴凉的浅水处的一些茂密的水草下，这里水温高、遮阳，食物也很丰富。你不仔细思考鱼想什么、喜欢什么，地方都没找对，还想钓上鱼呢？年轻人，不要浮躁啊！"

我恍然大悟，事实上，所有的事情都是这个道理，你要做一件事，只有一百分钟，应该用九十分钟来思考，十分钟来执行，对于客户，应该花一大部分时间思考他想什么要什么，再花一小部分时间来说话。比如，你在街边卖梨，顾客觉得冬天吃梨太凉了，如果眼前这是位老年人，他应该很重视老派的养生，就顺着对方的意思说话："冬天吃梨是有点凉，身体虚一点儿的都受不住呢。"这种话一出来，顾客的感觉就好像正在使劲推一扇门，可是门突然开了，自己有劲儿也使不上，这样一来，他会开始思考：是凉，但是想吃，买不买呢？这个时候你可以接着说："吃橘子倒是好，就是怕上火，怕凉其实可以把梨蒸着吃，还润肺呢。"顾客想吃的心理又多加了一个砝码，于是就买了。

看起来是顺着客户的意思说，为他的犹疑说话，其实是为自己说话，为交易成功加砝码。在这样的交流中，客户无形中会把你当成自己人，戒心会消失掉一大半，世界上最优秀的推销不是能说会道，是博取客户的信任，那种一个劲儿地鼓吹自己实力，即使是真的，客户心里也会掺水分，这是一种本能的怀疑，老为自己说话，不站在客户那一边，说得再好也收效甚微。

生活中的我们常常接到电话销售的来电，多数人会反感，一听就挂，我偶尔会仔细听听这些人在说什么，发现开口就是"有一个非常好的消息告诉您，最近我们公司推出了一 ×× 产品，具有 ×× 特点……"这种情况，会让我想更快地挂电话，根本不想了解什么产品，因为这样的销售模式完全是以自身产品作为核心，虽然以"好消息告诉您"开头，却完全让人感受不到诚意，没有站在帮助客户的角度上。最好的电话销售，应该把自己摆在顾问的位置上，引导客户的问题点，再提出具有高回报价值的解决方案，对于这样的电话，我倒是愿意跟她扯几句，不一定会买，就当了解一些各行业的信息，但对于销售来说，能留住顾客"驻足"，就是成功的第一步。

生意场也是一个道场，每个人都应该不断地修行，与客户打交道，最需要调整的就是谈话技巧。我们公司网销部有个小姑娘谢蓓蓓，十分不起眼，业绩却是最高的，甚至超过了许多行业内的"老人"，她的窍门很简单，但不是每一个业务员都肯费精力去做。

谢蓓蓓负责的业务，在本城还有十多家公司在做，每一家都没有什么本质上的差别，而且由于竞争激烈的关系，价格非常透明，基本没有什么"价格战"的空间，这对于一个销售来说，没有价格上的优惠让步，打开局面是非常难的。

但谢蓓蓓本身的专业不是市场营销，她是学秘书的，对公文撰写、文字编排非常熟悉，她先是制作了一份电子档案，里面的内容非常详细，都是关于业务知识的，最重要的是有大量的对比表格，清晰明了、一目了然，让客户做到心里有数。这份档案大量群发到各个客户的邮箱中，看不看是他们的事，她不操这个心。过一周后，她又会发一份新的电子档案，更详细，并且对比了一周的市场变化。这份档案的曝光率和转化率之高，很多人都想象不到，因为让客户掌握了更多的信息，相当于谢蓓蓓给出的免费信息收集，自然会有客户感慨她的用心，主动找上门来，并且档案中的对比环节，解决了客户的许多实际问题，心里没有了顾虑，成交率也很高。

生意人应该有一个理念：把自己当成客户。想获得事业的成功，就必须学会站在客户的角度想问题，想从客户的口袋里掏钱，必须给客户一个掏钱的理由，这个理由源自客户的信任，信任来自推心置腹的介绍。站在客户的角度说话，讲客户想听的话，了解客户的心理，让客户产生“这个人说话很实在”的感觉，让他觉得你是在真心建议和帮助他，这就是关键所在。

嫌货才是买货人，让客户尽量多说话

『生活中没有可怕的东西，只有应去了解的东西。

——居里夫人』

很多人在生意场中，往往会在不知不觉中陷入一个误区，即试图帮客户“全面操作”，以为这样才能够“争取”客户，进而与客户达成合作。

其实对待有异议的客户，第一忌讳没耐心——这门生意不做也罢；第二忌讳大包大揽——交给我就行了；第三忌讳哄瞒欺骗——放心“绝对”没问题。

上周我订的茶到了，兴冲冲地跑到市场去买炒货，正遇到熟识的店主碰到一位难缠的客人。

客人尝了尝西瓜子，挑剔道：“这是去年的宿货吧，一点儿都不脆了，便宜5块钱吧！”

店主笑眯眯地说：“放心，我们店的生意好，绝对不会压货，更不会进次品，这些瓜子都是现炒现卖，只会品种有差，旁边那一种瓜子用料更好，更香些，比你尝的那种只贵3块钱。”

客人笑了：“我说让你便宜点，你还推荐更贵的。”说着，拿起一粒尝了尝。

店主还是笑：“吃瓜子又不是吃大米，买一斤可以磕很久了。”

客人最后买了贵的那种。整个过程，不管客人的态度如何，店主依然面带微笑，等到那位客人走了，我打趣道：“做生意不容易啊！”店主坦然地说：“这算什么，嫌货才是买货人啊！”

我看着店主的脸，突然肃然起敬，他热爱这门生意，也用心经营着这门生意，面对客人对货品的挑剔，一点儿也不生气，反而实话实说便宜的用料是不够好，建议也是轻松且真诚的，尊重客户，为客户找理由。嫌货才是买货人，嫌货品不好是因为客人是炒货行家，挑剔一点儿很正常。

客户之所以会挑三拣四，根源是对这门交易感兴趣，正在认真地考虑合作（购买）问题，这样自然就会提出更多的意见、问题，并不是有意找麻烦，因此遇到问题多的客户，要有耐心、决心、诚心，如果一味地埋怨、指责客户，敷衍、欺骗客户的话，只会打消客户购买的欲望，倒不如诚恳地解决客户的问题，细心地向客户讲解你的优势，有挑选地让客户了解一点儿你的缺陷，让客户自行比较、选择。

当客户得到了答案，提出自己的异议时，不要觉得——肯定没希望了，于是沮丧、暴怒，丢下几句话就散场，这是客户在做分析，分析之后也许就会有结论，这最后一步千万要把握好，否则就是功亏一篑。并且，做生意要懂一个基本原则，生意不是达成交易就算完了，在整个合作过程中，哪怕尾款都已经结了，客户也可以随时对任何问题提出异议。生意都是这么做的，不容易，所以这世界能做到老板、金牌销售的人永远是少数，小喽啰、垫底的永远是多数，要把生意做好，就要时时刻刻做好心理准备，等待客户挑刺，重视客户的任何异议。

我有个卖房的后辈，曾听他总结过自己的工作：那些对房子的介绍没什么异议，走马观花，什么都说好，最后说“再联络”的人，都没有下文，他们根本就没有打算买房，或者说根本没打算买这个面积、价位的。只是来参观一下，房子好不好，有没有什么优惠与他没关系，自然不会浪费心思、浪费精力做讨论。反之，那种对房子诸多批评，嫌东嫌西，又要查产权，又要查周围环境，又嫌价钱贵、贷款少、优惠少，这种意见一大堆的客户，一般都是心里有数，做了功课，多半打算要买的。观察仔细，问题多，异议多，只是一种技巧，用挑剔来拉大议价空间，为自己多争取一点儿利益。

我这个后辈才毕业几年就总结出了卖房的套路，可见是用了心的，事实上他的业绩的确很好。嫌货才是买货人，这句话是生意场上不变的真理，所以当我们面对客户时，如果他对任何建议都无动于衷，没有任何的异议，也许不是因为他非常满意，而是因为他根本就没有意向，可以考虑放弃说服他了，对产品意见多多的客户，反而应该多花时间和精力，他们才是有可能合作（购买）的人。

面对客户的异议，应该采取积极的方式处理：一记录下客户的抱怨。冷静地记下客户抱怨的原因，询问他的想法，等客户的牢骚过后再处理；二谅解客户的态度，不发生冲突。也许客户在提问和异议中态度不佳，也请以平静的心态面对，不要指责客户的错误；三耐心解释，不敷衍欺骗。针对客户的异议做出解答，以清晰、专业但轻松的语言说出来，不要有指导的意味，更不可为了做成生意胡乱承诺，否则后患无穷。

有经验的生意人都知道，最好打交道的不是常常发难的客户，而是什么都不说、讳莫如深的客户。一个客户都把所有的不快和异议藏在心底，这才是最有害的，第一说明他有很多选择，第二也许他有很多问题，只是没说出来，就像一颗定时炸弹，第三这种沉默让人看不到努力的结果。不要回避客户的责难，更不要试图与他们争辩，反而要想法设法引导客户说出来、支持他们说出来、鼓励他们说出来，多给客户说话的机会，我们才有多了解的机会。

“生意不成交情在”的合作原则永不过时

『仁者不以盛衰改节，义者不以存亡易心。

——《三国志·魏志·何晏传》』

张艺谋大导演的成功少不了一个幕后英雄——张伟平。如果没有张伟平的投资，张艺谋再有才气，也是“巧妇难为无米之炊”。他们两个人是生意伙伴，也是朋友，并且正是因为交情，张伟平才会给张艺谋投资。张伟平有个理念：谈生意先谈交情。不仅仅是对张艺谋，不仅仅是投资电影，别的生意，张伟平也是“交情至上”。这缘于他的发家故事，最开始他只是一个医院的药剂师，也是因为他认识一个朋友，歪打正着被西门子公司相中，做了第一笔生意，从此走入商界。他的名言是：“彼此相互有交情，能信任，这样的生意做起来省心。”

这是一个典型的“中国式商人”，中国生意场有个潜规则：谈生意先谈人情；跑业务先上酒桌。生意人在谈生意时，话题不能太无趣，不能围绕着价格、数量、包装、质量、运输打转，反而大多数时候都是在聊天，交流感情。这首先创造了一个良好的会谈氛围，与对方加强感情沟通，拉近对方的心，消除双方的隔阂，尽量与对方交朋友，搞好关系才能在会谈时占据优势，也就是“谈生意先谈交情”。

在生意场中面对客户，或者是同行的竞争对手，无论最后生意有没有做成，都是有着共同利益的生意伙伴，日后也可能有合作机会，因此，只有通过双方友好的商谈，建立了良好的人际关系，建立了交情，才能获取长远的目标利益，实现双赢。

所以在生意场中，无论情况发展到什么地步，都要尽量避免相互对立的谈判，在与客户或伙伴的商谈中，多利用一些策略和技巧取得对方好感，找到共同的话题，与对方愉快地沟通，最好能交成朋友，别管是真朋友还是假朋友，因为交往基础是日后沟通良好的保证，促成相互信任是最终谈成生意的最有效方法。

当然，很多时候在生意场上，双方都自带一定的目的与使命，客户对你有猜疑、戒备，你对客户也有揣测、探究，特别是面对一些同行合作，更可能抱有敌对情绪。在这样的情况下，要消除隔阂，制造一个融洽的环境，吃饭、喝茶、夜生活都是不错的方法，可以有效地缓和气氛，创造出比较轻松的氛围。

另外，谈生意初期应该尽量避免谈正事，谈正事重要吗？很重要，但是一开场就过于严肃，效果反而不太好。我有一次跟着一个老板朋友去蹭饭，据他说这次谈判非常重要，下半年的大部分业绩就在此一举了，可是直到筵席结束，我都没有听到双方说一点儿“正事”，都是在扯闲篇，老板朋友告诉我：做生意就是这样，都是先看人，看你这个人合不合拍，顺眼、对路的做起生意要顺利很多，觉得不好打交道的，实力再强也得再考虑。

创造良好气氛之后，最重要的就是说什么和怎么说，所以生意场上“寒暄”十分重要，它是奇妙的“润滑剂”，是减少双方心理障碍有效的“催化剂”。寒暄第一要主动热情，第二要大方得体，第三要了解对方，力求先入为主地向对方传递诚意，以有声的信息，表达一下自己的友好、信任、体贴，让对方感觉到你是真的想搞好关系、促成生意。优质的“寒暄”技巧可以给对方留下一个鲜明而深刻的第一印象，甚至可以消除对方初期的敌意，以及某些不大好的旧印象。

寒暄的内容可以自己选择，但一定要具有非业务性，最好是令人轻松愉快的，比如谈到对方的家乡、经历，谈一谈双方的爱好专长，谈一谈共同相识的人，实在没什么可谈的，也可以谈一谈时事新闻，等等，最重要的还是引起对方的共鸣，发现共同的兴趣，心就会更贴近。

经历了初期的良好氛围，没有下文怎么办？有不少人下了本、赔了笑脸，最后生意也还是没成，这个时候请不要过于情绪化，这在生意场上再正常不过了，千万不要因为一次生意没做成，就对客户“翻脸不认人”。好比你去买苹果，苹果挑得差不多了，摊主也介绍得好，双方都很融洽，可是你突然接到老婆的电话：家里有人送了两箱苹果，这半个月都不用买水果了。于是你决定不买了，但你心里对这个水果摊的货品和摊主的人品都有了良好印象，这个时候说一句：家里有了，今天不买了。摊主如果能保持好的态度，笑眯眯地说声：下次再来光临。你的印象会不会更好？答案是肯定的。可是摊主如果脸一阴，说句：不买就算了。这种“双面人”的模样，一定会把你吓得再也不敢来了吧。

人都有这样的心理——愧疚心和补偿心。如果这一次客户跟你相谈甚欢，并且建立了一点儿交情，但因为这样那样的原因没做成生意，他心里总会有点儿“不好意思”，这个时候应该“快马一鞭”，持续住这种交情，下次、下下次，总会有一次合作成功。做生意不要太功利，还有一层意思就是目光要放长远，不计较短期收益，人脉资源是世界上价值最高的资源，可以发挥不可限量的作用，保持好人脉关系，生意不成交情在，总会有发挥作用的一天。

别总想占便宜，坚持“双赢”才是王道

『唯宽可以容人，唯厚可以载物。

——薛宣』

做人有一个重要原则——诚信，做生意也有个重要原则——讲利也讲义，无论是做人还是做生意，都要保持一点儿真心，有钱大家赚，双赢才是最好的。生意场上，更多的利益来自客户永久的合作，而不是一次合作就无止境地计较自己所得，打压对方的利益。

做一次生意而不考虑回头客，是因小失大的。总是算计着占客户便宜的人多以自我为中心，一副高傲、自以为是的态度，不管是利益、口舌、心理，对客户一点儿都不肯相让，是赢了生意却亏了客户，掏钱的人要掏得开心，如果你让别人掏得不开心，客户来第一次就不想再来第二次，宁愿多掏一点儿到另一家，也懒得在你这边“吃亏”，一次两次，你在生意场上名声就臭了。一个做生意的人如果没有一定的声誉，客户是很难相信并且与之合作的，“坏事传千里”的连环效应，更会让这种坏影响更广、更久。

反之，那些总在考虑着客户需求，着急地维护客户的利益点，能让一场生意做成双赢，做出交情的生意人，回头客会更多。这样的生意人，有时候自己吃点儿小亏也不会计较，“好事传千里”的效果其实比坏事更强，会给他带来更多的利益。

生意场双赢非常重要，任何有损一方利益的投机取巧都不可能长久存在。常常在饭局上看到一些朋友在讨论生意，比如有些公司很了解你却很少下单，有一天他

说有货要订，量大且急，并且承诺以后都会长期合作，但这一次钱就月结。而你打听了一下，这个公司最近欠了不少供应商的货款，别人都不供货了，怎么办？俗话说“救急不救穷”，应该是遇上急事了，于是答应合作，按质按量地出了货。果然这个公司按时结清了货款，并且以后一直就跟你保持合作，别的供应商再强都不搭理了。

这样的故事我听了不少，故事中的老板有小老板也有大老板，但是他们在自己的领域和层次都很成功，他们的说法是：有些客户确实遇到了困难，平时也有些交情，拉一把也没什么，就算最后钱难要也认了。

既没有打算占客户的便宜，反而想尽办法为客户解决难题，这就是把持“讲利也讲义”的原则在做生意。奇怪的是，这些老板这么做生意，倒是很少遇到“奸诈小人”，大部分都是渡过难关成了长久的合作伙伴，也遇到过客户最后还是失败了，卖厂房、卖设备也会把欠款给还了，人都是有心的，你付出一分他也付出一分，将心比心，不坏良心，尽量让对方不吃亏，也算是一种回报。

经商也是做人，“损人利己”总是不长久的。按常理推断，客户和自身的利益很难保证不冲突，双方是矛盾、对立、此消彼长的关系，对客户出让了利润，就意味着自己得到更少，悄悄地侵占一些客户的利益，自己就得到更多。然而事实证明，这样的想法是狭隘和局限的。企业和客户是可以实现双赢的，双赢才是持续合作、利益共享的前提。

在职场生活中，我们要善于打破常规思维，凡事都多换几个角度去思考。客户是一个企业生存的基础，如果没有客户合作，一个企业将不可能生存，倘若要不断地开发新的客户，这个开发的成本和花费的精力会很大。企业的成功是建立在公平和谐的商业环境中的，客户与企业的利益，在短时间内是此消彼长的，但从长远分析，彼此并不矛盾，只有客户认可了一个企业，才有长久的合作，企业才能长远地发展，并且节省了大量寻找新客户的成本，这也是一种“获得”。

葛平是一家类似手工作坊的小厂主，经济危机那时，他的工厂陷入了困境，产品卖不出去，资金周转不开，原材料暴涨，小厂面临着破产的危险。身边的小厂主朋友纷纷给产品提高价格，并且购买较差的原材料来降低成本，葛平也心动了。

葛平的父亲知道了他这个决定，劝他不要这么做，并且要求他亲自打电话给每一个客户：产品会按时出货，原材料保证优质，价格也不会提高，并且会出让 2%

的利润，大家一起渡过经济危机。

葛平照做了，但他的心里是不服气的，葛平父亲拿出了多年积蓄，对他说："不怕，爸爸这里有钱，先顶上。"

出让 2% 让葛平压力更大了，但效果也显现出来了，旧客户居然没有因为别的小厂压价流失，更因为葛平的货好、价平吸引了许多新客户，纷纷在葛平的小厂订货，光预付的费用就非常可观了，工厂正常运转了起来，葛平的小厂不仅没有在经济危机中破产，反而一步步发展壮大，一年后成立了自己的公司，拥有的资产超过了千万。

经营之道，在于和客户唇齿相依，当别人都在纷纷涨价、降成本的时候，葛平却下调了价格，对客户感恩，为客户着想，即使自己面临着巨大的困难，但最终选择了和客户共同面对。客户也是人，他们不是利益机器，他们有内心判断，他们只认可那些不断显露自我优势并满怀诚意的公司，当他感觉自己被放在一个比较高的位置时，他才会有继续合作的念头。

企业要立于不败之地，必须要博得客户的认可，若客户得到了更好的服务和产品，自然会记住那些与自己一起共济双赢的伙伴，结成永久合作互利的关系。老想着占客户便宜为自己谋取利益，生意就变成"一次性纸杯"，用完就扔，双方都要花费巨大的成本去寻找下一个合作伙伴，是"双输"的。

对客户要真诚和感恩，不断满足客户的需求，无论是产品还是服务，不要计较付出的成本与精力，客户满意了，自己也成长了，合作就成功了，双方都挣钱了，赚钱就发展了，发展了继续合作，这是一个双赢的过程。

Chapter 8

别与某些人作口舌之争，否则你再有理也伤不起

生活是纷繁复杂的，在我们身边总有一些人，我们能不与之讲理就不要讲，否则你再有理也伤不起。在生活和工作中，你常常会发现，有的人喜欢拿阿谀奉承作为自己向上爬的武器，有的人会忘恩负义甚至恩将仇报，有的人明明错了却不肯承认错误……面对这样一些人，我们完全没有必要与其认真地讲理。倘若我们与之据理力争，讲尽大道理，结果也只能是让我们自己白费口舌，身心俱疲，甚至给自己造成一些难以预料的伤害和损失。

不与唯利是图的人讲理，吃点小亏也无妨

『君子喻于义，小人喻于利。

——孔丘』

每个人都有不同的价值取向，为了不同的存在而存在，有的人重利益，所以他们的全部精力都放在谋取利益上，对于这种唯利是图的人，跟他们说再多的道理，也不会移动他们心灵的方位，因为他们没有正确的道德观和价值观，心只会为了钱和利波动，不如省下力气，由他们去。

唯利是图的人一般比较自私，内心阴暗孤独，永远把自己和自己的利益放在第一位，你要他放开一点，不那么自私，做一点点于己不利的事，都是不可能的，如果你一而再再而三企图“感化”他，便难以和他相处了。对付自私自利的人，最重要的就是大度，所谓大度，就是当什么事都没发生一样，在心灵深处你可以鄙视他，表面上绝不能露出一分。要知道自私自利往往伴随着阴毒小气，如果你不够大度，企图用自以为“正义”的大道理“教育”他，最后不但达不到扭转他的效果，还有可能给自己引火烧身。

与人交际想要游刃有余，还得精通“相人”之术。通常唯利是图的人有以下两个特点：喜欢见风使舵，谁得势就依附谁，谁失势就舍弃谁，他们喜欢利用别人，没有利用价值的人，他们只会虚与委蛇；喜欢背后捅刀子，踏着别人鲜血前进，踩着别人肩头攀高，利用别人的时候会非常恭谦，利用完了不会报答，因为他们把占人便宜当作理所应当的事……除了这两个特点以外，唯利是图的人带出来的“恶德”

远不止这些，还有藐视法纪、刻薄寡情、鄙弃道义不守道义、损人利己等。

张峰是学设计出身的，有个朋友是知名广告公司的职员。有一次，这个朋友拜托张峰做一个片子，整个片子镜头比较多，工作量很大，但是朋友一再恳求，并且表示升职的成败就在此一举，实在是时间上赶不过来。张峰为了朋友，勉强答应了，虽然自己也有工作，还是熬了几个晚上给朋友做了出来。事后，朋友称把“这个月奖金都给你了”，拿出 1000 元补贴张峰，对他表示了感谢，张峰心里也热乎乎的。

一次偶然的机会，张峰了解到朋友其实是接了一个私活，客户要找一个有资历的广告人来全权负责一个项目，其中有个环节需要先出个样片试试水，朋友没有去找别人做，让张峰“友情”帮了他一次，自然省了不少钱。

张峰知道之后也没点破，就当自己练了一次手，之后很少跟这个朋友来往，广告行业内圈子比较小，过了不久，张峰就遇到了那个客户，有意无意地提起那个样片是自己做的，客户表示了对他的赞赏，也提供了不少合作机会。

张峰算是运气好的，并没有失去太多，小人虽然让他吃了一次亏，伤害了他的感情，但是也做了一次“跳板”。古人常说：画虎画皮难画骨，知人知面不知心。所以我们必须学习一点儿“相人”的知识，通过别人的种种言行总结并归纳出他是一个什么样的人，然后加以应对，这是比较聪明的做法。几乎每个集体里都会出现唯利是图的人，若不与他们相处比较长的时间，有时候还很难被发现。要善于用眼睛关注、用心发现，刚与之接触时，他们也许是热情主动的，并会积极地帮助你，好像事事都为别人考虑，人的本性就是这样，越是缺少就越想掩盖。

可是，一旦我们侵犯了这种小人的利益，哪怕是一点儿小小的利益，如小钱、小名，他们会立即拉下脸来，拼个你死我活，各种手段无所不用其极，更不用说争权夺利的关键时刻，他们会更极致地暴露本性。对这种人能忍让就忍让，宁愿在他们手里吃点儿小亏，也绝不要走在他们的前面。小人是很难对付的，他们有一百种方法坑人，因为他们本来就没有底线，如果没有时间和精力做好打持久战的准备，是万万不能与之争斗。

如果是抬头不见低头见的小人，当然最好少招惹，但完全躲着也不行，所谓“近之则不逊，远之则怨”，一旦让他们看破了你的排斥，他们内心就会恐慌，毕竟是小人心理，最好的相处方式就是多装糊涂，哪怕让他们看不起你，也不要让他们觉得你有威胁感。

更不要以为自己足够聪明可以和小人交朋友，希望利用他们来做一些事，与小人为伍，自己也成了小人，何况小人从来都是敏感度高、眼锐如鹰、舌利如剑，普通人不是他们的对手。他们善于交际，搞小圈圈，看起来人脉很广，但你依靠他得到了任何利益，一定会被他加倍索取回来，如此，因小失大，得不偿失。所以请不要和小人深交，和他们保持平淡的表面关系，说话也要谨慎，客套寒暄即可。

逢人且说三分话，不可全抛一片心。毕竟明枪易躲，暗箭难防，对付唯利是图的小人，永远不要给他"损你利他"的机会，不得罪、不冲突是最好的相处方式，如果在一个集体中小人坑害了别人，也不要因为正义感而公开揭发他，这世界上的事并不是都能用一张嘴说清楚的，小人永远不会认为自己没道德。

不与阿谀奉承的人讲理，静观其“表演”即可

『最有智慧的人常常假装做傻瓜。

——林语堂』

喜欢拍马屁的小人哪里都有，我们要表示理解，人活在世上，每个人都有不同的特长，有的人喜欢用特长来换取一些东西，“马屁精”通过阿谀奉承向上爬，只是一种生存手段。在职场中遇到“马屁精”的概率尤其高，一个新同事，年纪轻轻就会巴结领导，大腹便便的主任穿了新衣服，他马上就会恭维：这衣服很适合您。他总能把领导哄得特别开心，自然总能得到表扬，老同事们个个都看不惯。

这些“老同事”中，是否也包括你呢？冷静地分析一下，我们就会理解不同的人在企业中立足的方式不尽相同，有的人有实力，自然可以凭借自己的能力独占鳌头，谁也取代不了，可是有的人能力有限，只能在人际关系中打主意，路虽然是偏了一点，但也只是一种竞争的手段而已。

人都喜欢听赞美的话，我们也可以从“马屁精”身上学到优点，但不要指望指导他扭转这种行为，每个人都有自己做人的态度，说再多道理别人也不一定能明白。如果你有过人的能力，也许不需要溜须拍马也能往上跑，别人就不一定了。

不过在实际生活中，我们遇到的不一定是温和的“马屁精”，总有一些小人喜欢阿谀奉承不说，更爱坑害别人。

方妍的主管特别喜欢拍马屁，整天就知道吹捧上级，压榨下级，老板很喜欢他，

因为不知道他的真面目，他平时抢功贪利根本没人来管。

这位主管把公司高层的生日记得清清楚楚，一旦有谁要过生日，他总是在前几天就撮合大家商量，买什么生日礼物好，还根据高层的职位确定礼物价位，底下的人不好说什么，只能按照他的建议做，就怕他嘴皮子一碰，又给小鞋穿。

但这位主管的这种“取悦”行为，常常是一毛不拔，每次买礼物的费用都是由其他人均摊，礼物倒是由他一个人去买去送，大家吃暗亏也说不清。

小人做人不厚道，常以不良手段达成目的，喜欢奉承，让人晕晕乎乎而迷失方向，这也就算了，最怕的就是阳奉阴违、表里不一的，善于表面功夫，伺机邀功抢功，损害别人的利益。这样的人现实中也不少，他们不看重尊严，为了一点点私利就可以对得势之人溜须拍马，对待平等或地位比他低的人就不是如此了，吹捧他就会得利，而反驳他只会吃亏。

我们面对这种人，首要弄清楚自己的立场。如果你是被拍马屁的，一定要清楚听信阿谀奉承之言只会蒙人双眼，让人分不清是非曲直，时间久了会变得自以为是，古代圣明的君主是不会宠信“马屁精”的，而那些丧身亡国之君主，身边多是阿谀奉承的小人，可见这种“马屁精”的影响力，他们会慢慢攻入人心，把你的道德观和自我认识摧毁得一干二净，表面上唯你独尊，实际上却暗藏祸心。

小人会通过奉承来达到一些目的，比如要求你突破原则地帮忙，很有可能埋下隐患，事发后自己推得一干二净，而使你身陷囹圄。不可把别人的阿谀奉承当真，但也别点破，就让这些“马屁精”沉醉在自己的世界里，看他们像跳梁小丑一样蹦跶，比较不容易招人记恨。

如果你和这些小人地位平等，或者某种地位在他们之下，瞧不起“马屁精”也没什么，但千万不能得罪他们，因为你得罪不起，不如顺着来，有时候吃点小亏也无妨，等自己有了实力，自然不用将其放在眼里。

这些人看似没有什么能力和本事，为何战无不胜？主要不仅仅在于他们能说会道，更在于他们很会察言观色，他们从来就不研究别的事，整天专门琢磨人的心理活动，要是被这种人盯上，你会感觉无时无刻不是惶恐的。正义地指责、拆穿，甚至在众人面前揭露小人的真面目，只会将场面搞得很尴尬，不明真相的人们还会觉得你是在搬弄是非，为了小事斤斤计较。与小人公开矛盾，对立而战，只会使战争永无休止，还会影响到自己的状态，小人们的手段太多，我们又岂是对手？

无论你身处哪个阶层，都不要跟“马屁精”讲道理，这种人得势无非是看透了人性的弱点，知道许多人都喜欢听奉承话，再加上一流的吹捧技术，所以风光一时。但我们要明白，成功的大人物没有一个是光靠拍马屁走到那个位置的，必定是各方面的实力汇总才取得荣耀，阿谀奉承之人也许能得势一时，但永远都是“二流”，上不得什么大台面。

不与恩将仇报的人讲理，避之则吉

『果断的信心，能使平凡的人们，做出惊人的事业。

——马尔顿』

我们从幼儿园就开始学习与人为善、乐于助人，但长大后的社会却没有那么单纯，往往是付出了真心和帮助，有时候没得到回报，还遭遇了陷害，这种拿仇恨回报所受的恩惠的人，就是我们常说的恩将仇报的小人。

“农夫与蛇”的故事教育了我们好心也要放对地方，付出不一定是为了求回报，可也不能一片真心被人扔在地上踩，不结交小人是防御的最佳办法，可我们往往无法预估一个新朋友的品性，只能事后及时“止损”。遇到恩将仇报的小人行径，要采取“狗咬了我一口”的心态，就当今天运气不好，忘记了也就忘记了，反正我们也不可能再去把“狗”咬一口，恩将仇报的小人也许更低级一点就是狗屎一堆，踩上一脚，麻烦也不少，不仅臭了自己，也臭了身边的人。

对过去不愉快的事情，不能再往心里放，权当不小心踢到石头，很疼，但应该揉揉自己的脚就继续前行，不浪费时间和情绪。放开心胸，大气为人处世，总能有好心情、好境遇、好人气。那些恩将仇报的人，也许一时显露不出，日久见人心，旁人自然看得出来。

忘掉那些恩将仇报的人，就像扔掉垃圾那样，毫不吝啬和惋惜，生活也从此轻松了起来。

郭立军是一家国企建筑公司的普通员工，但多年无法转正，只能转变心思，跳槽到了一个投资集团，负责建设工程的管理工作，待遇也非常可观。

郭立军为人正直，他有个很好的哥们儿，有十几年的施工现场管理经验，但一直和公司高层处不好，也一直都没有发展。正巧此时有一位和郭立军相熟的老总要求他帮忙，帮忙推荐一位有丰富施工管理经验的人，郭立军马上推荐了自己的好哥们人，老总也很满意，郭立军开始期待两兄弟一起大展宏图。

可是随着时间推移，郭立军慢慢发现哥们儿开始小范围散播谣言，比如有偿办事和胡乱管理，在各个方面给郭立军出了不少难题。刚开始郭立军还想开诚布公地跟他谈谈，虽然施工管理工作量特别大，但这份工作确实改善了哥们儿的各种条件，而郭立军的权利和待遇是多年累积，只要扎扎实实干，以后什么都会有的。这样的道理郭立军说了一次，那位“哥们儿”装出一副很迷糊的样子：“你在说什么呢？”

避重就轻，不肯正面回应，背后却依旧搞小动作。一来二去，郭立军的心也淡了。有一次这位“哥们儿”工作上出了一个大错，被人告到了老总那里，那位老总还有点碍于郭立军的面子，跟他说了这件事，郭立军只说了一句：“您该怎么处理就怎么处理。”

莫与小人记仇，小人自有对头，小人们总会有踢到铁板的一天，对于小人的缺德言行，有时候还应该充满感激，感激他们让我们慢慢地学会了宽容、忍耐。

大多数人对于恩将仇报的愤怒，相当程度上是来源于自己的设想——如果我帮助了别人，别人就必须知恩图报。但是世间万事的发展，是不可能以个人的意志为转移的，在法律上也没有强制规定“感恩”，顶多在道德上人们会有“知恩图报”的美好设想。这种心态非常不实际，帮助了别人，别人可能会感谢，这很好，但如果他不感谢，反而以怨报德，总不能开个法庭，为他们的道德判刑吧？

分清什么是一时，什么是一世，好人永远不要跟小人谈道义，未来会有更美好的东西等待我们，过去的就让他过去，很多事也许你当时会觉得很生气，但随着时间推移，你总会慢慢地平静下来。恩也好，义也罢，只是我们对他人的赠与，既然是赠与，就不要想着有什么回报，给出去的东西一开始就想着要回来，这不过是用“人情”在放贷。做大事的人，施恩从来不图回报，别人怎么做是一回事，自己怎么做又是一回事，先把自己做好，眼光放长远，追求自己该追求的，品格道德问题我们只能要求自己，无法要求别人。

做人不要因为计较得失而犹豫不决，人心之所以会累，就是常常徘徊在争取和放下之间。生活有更多值得我们付出的事情，所以请放下负能量，勇于放下是获得快乐的最佳方法，如果我们能懂得取舍，坚持该坚持的，躲避该躲避的，许多事情就会简单很多。总而言之就是别让自己心累，学着不强求，学着深藏，对待一些恩将仇报、忘恩负义的小人，适时放松自己，寻找其他宣泄口，而不要执着于扭转他的观念，道不同不相为谋，不必强求合得来。最好的办法就是把他彻底地忘记。在这个物欲横流的时代、喧嚣浮躁的社会，为了名和利，什么样的人都有，什么样的事都干得出，俗话说“恶人自有恶人磨”，所以对此我们还是一笑了之吧！

不与两面三刀的人讲理，和他们保持好距离

『不怕虎狼当在做，就怕人前两面刀。

——佚名』

在生活或者职场中，难免会遇到一些爱耍两面派的人，我们要从心理上允许这种行为的存在。因为每个人都有“两面派”的时候，你自己肯定也会有，只是分轻重而已。小人把“两面派”发挥得淋漓尽致，但在心理上我们不要过分排斥，有了这种心理就有了宽容，有了宽容自然不会过多的注意力，对付这种人，最好的方法就是无视，有句话最能形容这种状态：世间有人谤我、欺我、辱我、笑我、轻我、贱我、骗我，如何处置乎？——忍他、让他、避他、由他、耐他、敬他、不要理他，再过几年你且看他。

我们先来分析一下“两面派”究竟是什么含义。传说元朝末年，元军和义军在黄河北面展开了拉锯战，那一带的百姓就遭殃了，元军来了要欢迎，义军来了也要欢迎，连欢迎标语都要制作两份。当时怀庆府的老百姓勤劳俭朴，舍不得花钱买纸笔，于是想出了一个“一劳永逸”的办法——用一块薄薄的木板，一面写着“欢迎元军”，另一面写着“欢迎义军”，哪一队来了，就翻到哪一面。现在我们常说的“两面派”，就是从怀庆府挂“两面牌”演变而来的，形容两面不同、表里不一的人。

日常人际交往中一点点两面派是可以理解的，比如我们对着家人很放松说真话，但对着上司很紧张说话要滴水不漏，偶尔还会说得模棱两可，带一点儿谎话，这也是一种两面派，但并非恶意，是可以原谅的。而带有目的并且故意“耍两面派”

之人，就是小人了，我们要尽量避免自己成为这类人，同时也要学着应对这种人，如果是无伤大雅的，可以采取前文说的“无视”；如果运气实在不好，有小人“耍两面派”一而再再而三伤害到我们的利益，该如何处理呢？

Andrew 才到新部门一个月，已经深受一个“两面派”同事之苦。

这名同事一开始就尽量拉拢 Andrew，中午拉着他一起吃饭，周末拉着他一起唱歌。Andrew 心想都是年纪相仿的男人，既然人家主动来示好，也应当真心回应，所以那段时间里经常混在一起，其他同事也知道了 Andrew 很多私人问题。

不出一个月，Andrew 就听到有不少女同事对他指指点点，顶头上司也私下谈话，教他要“行为检点”。Andrew 很奇怪，他在公司深交的朋友不多，很多私事不可能被人知道，当时他还没想到那位同事，毕竟男人爱嚼舌根的很少，那位同事还故作关心地安慰 Andrew，表示做好工作，其他都不用担心。

可惜刚上任的副总是位正处在更年期的女人，对作风问题非常在意，平时就很讨厌招蜂引蝶式的女下属和花花公子式的男下属，Andrew 明里暗里吃了不少亏，最后终于醒悟了是谁在“耍两面派”，再也不想理那位同事了。

那个“两面派”同事还是像什么事都没发生过一样，嬉皮笑脸地跟他攀谈，开口提出很多让 Andrew 违背原则的“小帮小忙”，Andrew 当然直接拒绝，可“两面派”居然有意无意地提起许多 Andrew 还未暴露的私事。Andrew 感觉到了威胁，又不好说出口，这个“两面派”在办公室人缘还挺好的，考虑之下，只得申请更换部门。

对付两面派，心态上还是要保持平和，尽量用宽容去化解，少攻击多躲避，躲避不是软弱，而是给自己收拾残局，说难听一点：比不要脸，你肯定比不过真不要脸的。所以用下三滥的手段，我们肯定是赢不了两面派的，给他来点正面向上的，用脚丫子想，也想得到肯定没效果，所谓不跟小人讲道理，绕着走就行了。

害人之心不可有，防人之心不可无。社会中的关系不同于幼年一群小伙伴玩耍，人人都不单纯，假如中间夹杂了利益关系，则更为复杂。有一次听朋友感叹：以前觉得真心帮我的才是朋友，现在觉得背后不害我的就是真朋友。你能保证自己坦荡，但保证不了别人真诚，你愿意通过实力争取，有的小人就愿意走捷径，所以要保持一颗真心，但对别人信任只放七分，剩下的三分，留给时间来考验。“两面派”的小人是最没耐心的，只要涉及一丁点儿和利益沾边的事儿，他们很快就会露出狐狸尾巴。

躲避的最高层次就是防患于未然，如何在两面派露出狐狸尾巴之前就将他从人群中无情地揪出来，当然会有一些分辨的方法！观察你身边的人，两面派的人虽然面带笑容，但是目光躲闪，脸皮再厚的人也骗不了自己的心，自然也无法控制眼神，并且他们的笑容僵硬，言语过分浮夸，要不就是说得很慢，是一面说一面想，怕出漏洞；两面派常常喜欢说“我跟你一模一样”，自称与你各方面都出奇地相似，巧合得让人难以置信；两面派过分热情，喜欢跟人称兄道弟，莫名给一些小恩小惠，当你遇到问题时，总是第一时间问你需不需要帮助，但是从没有实际行动。

总之，两面派的典型形象就是“笑里藏刀”，他们喜欢甜言蜜语地套近乎，喜欢把你称赞得飘飘然，喜欢先透露隐私来打听你的隐私，喜欢装可怜，喜欢无事献殷勤……目的是博得你的信任，窃取你的成果，背后捅刀子，关键时刻让你背黑锅……

人与人之间的关系要和和气气的，还真少不了保持一点儿“两面派”个性，但是面对一些利益问题时，请不要期望感化小人，小人和正常人的三观不同，他们没有“你好我好大家好”的思维，点破了很可能就会被他“暗算”。因此在社会中，不宜显得过于善良，更不可太过老实。对待莫名过分热情的人，要留住底线，一旦发现他是“两面派”，能不打交道就不打交道，即便要打交道也要少打交道。

不与死不认错的人讲理，他们自会认识和改正错误

『生活的悲剧不在于人们受到多少苦，而在于人们错过了什么。

——卡莱尔』

世界上最困难的事莫过于让人认错，特别是自觉的、诚心诚意地认错。面对一些特别固执的人，想用道理来说服他们，简直就是“蜀道难，难于上青天”。如果你要影响一个固执的人，请不要执着于讲大道理，更不要以让他认错为目的，这种人就算知错也不会认错，让他们心里明白事情的真相就够了，这就算是最大的成功了。

我们首先要了解这一点，固执的人不是坏人，他们只是比较墨守成规罢了。在与他们讨论问题的时候，不要翻来覆去地说，更不能让他察觉到你在反驳他，应该把真实的意图隐藏起来，用间接的方式摆出自己的观点。比如采用请教的方式，先把他放在一个较高的位置，让他产生被重视的感觉，从而消除心理上的抗拒，这是让他转变态度的第一步，起码能让他认真听你说几句话。

固执的人死不认错，如果实在无伤大雅，我的建议是一句话都不要说，没有影响到自己身上，做人就不用那么计较了，太过“正义”，本身也是一种固执，如果是自己的亲人、爱人、朋友，或者是不认错的人把消极的影响波及你身上，再开口也不迟。

死不认错的人还有一种类型是以自我为中心的，这种人一般傲慢无礼、自视清高，常摆出一副盛气凌人、唯我独尊的架势，跟这种人打交道，会觉得非常憋屈，

怎么跟他说也是“油盐不进”。对付这种人，既不能低三下四，这会让他更看扁你，对你的观点更为不屑，也不要以高傲对抗高傲，最后的结果肯定是不欢而散。做到不卑不亢，长话短说，把需要交代的事情简明交代完，切忌摆出一副“长篇大论”的姿态讲大道理，以为自己跟他推心置腹，其实一点儿作用都没有。

傲慢的人根本不会聆听或同意别人的观点，所以一旦出现了台面上的分歧，千万不要辩论，他们必定会一再表达：你是错的。这可能会摧毁你的信心。更不要因此生气，你一生气，他们就得意，他们习惯了否定别人，那是因为他们自身的软弱以及存在着不安全感。你只需知道对方错了，并且清楚对方的动机和诡计，而后冷静地思考，做出理智的决策，积极地处理事情便可以了。

不过，生活中大部分人不认错是因为好面子。好面子每个人都会有，差别是轻重，很多好面子的人不愿意暴露自己的短处，即使错了，也会藏起来。在他们看来，面子就像一套坚硬闪亮的盔甲，有它保护才能感觉有尊严。对于这种人，我们更不需要说太多道理，其实他们自己也很苦恼，知错并且有改错的决心，只是不愿意认错而已。

爱面子的人不会说“对不起”，哪怕是证据确凿，他们也绝不认错，如果你被他气得头疼，那可真是折磨自己。比如一对情侣，男人开车导航出错迷路了，也就停车问一下的事，男人好面子偏偏不做，执意开车继续寻找，在路上多转了几个小时才到目的地，他心里肯定是又羞愧、又着急，女人到了目的地执意数落个不停，摆出一条条假设、一条条道理，期望男人承认自己的行为错误。这样的情况，我可以肯定地说，大部分男人宁愿吵架也不肯在女人面前服软，因为迷路这种错误实在太幼稚，承认了实在太丢人。

我们与好面子的人相处，要认识到他们的面子是易碎品，务必小心呵护。面子本来就是维系人际关系的重要工具之一，所以即使他们犯了一些小错，也不要轻易去撕破他们的“面子”。

而对于从来不说“对不起”的人，这属于超级好面子并且没人品的类型，不如干脆放弃结交，尽量不与这种人有交集，实在有了矛盾，事情已经发生了，和他争论谁对谁错没有用，不如专心解决问题。真理永远在有理的人手里，不讲道理是理直气壮的一种表现，和好面子的人争对错，是把他逼上死角，两个人的样子肯定都不会太“好看”，给周围的人也会留下不好的印象，其实是两败俱伤。

当我们了解了从不认错之人的心理原因，就不必为自己说服不了他们而产生自我怀疑，而后打消说服他们的念头，这种人的问题必须自己解决，他们的人生不快乐是被自己的个性所害，我们无须为他们费心。

不与立场不同的人讲理，学会灵活变通

『人生的旅途罢。前途很远，也很暗。然而不要怕。不怕的人的面前才有路。

——鲁迅』

每个人做决定的时候都是依循着自己的“道理”，并且认为自己做出了正确的选择，冲动的人觉得自己大多数时候是忍无可忍的，犹豫的人觉得自己只是比较谨慎，吝啬的人觉得自己以节俭为美德。人的本能就是“由着性子来”，并且在事后为自己的行为进行自认为合理的解释，即使在别人眼中是完全错误的，当事人就是不愿意自我批评。

如果自己都如此，又怎么能容忍别人的批判呢？一个人在内心深处不觉得自己错，是因为基于人生观、世界观、价值观，加上年龄、地位等因素，造成了每个人的立场不同。当你决定要指出一个人的错误，并企图用自己的“道理”来修正他时，请想一想你的“道理”是不是基于自己的立场，是不是太绝对了？适不适合所有人？

没有经过客观的思考，指责和抱怨他人是没有用的，更不会让对方认识到自己有错，只是会激发他的怒火，以至于他调动全部的智慧和力量来辩解，一再僵持，双方都是在浪费生命。

我们不需要运用“道理”，所谓的“道理”无非是没头没脑地指责别人，对待观点不同的人，哪怕是自己的孩子，也要试着考虑他们的立场，试着明白他们为什么会那么想、那么做，这比批评更有益处和意义。

世界上没有无缘无故的爱，也没用无缘无故的恨，但如果你觉得一个人实在太离谱，完全无法沟通，而你又必须与他交流的时候，一定要先全面了解情况，不分青红皂白地驳斥，只会使整件事更加纠结。就像在法庭上要定罪，也得先做大量细致入微的调查工作，找出人证、物证，通过各种有逻辑的分析，才能下结论。我们在日常的交际也该如此，无论对方错得多么离谱，起码也得抽出一分钟时间，想想对面这个人“背后的故事”。

地球上生活着各种不同的人，比如不同肤色，如果在白皮肤的人眼里黑皮肤就是错，那么黑皮肤人做什么都是错的。同一件事，不同的人有完全不同的立场，即便是同一个人对同一件事情，不同的时间也会有不同的感受。一个人掌握的信息越多，就越能看清楚事情的真相，更容易做到客观看事、宽容待人。

很多喜欢讲道理的人就是太过自以为是，以自己的价值尺度去衡量他人的想法，结果常常令自己困惑，让别人反感。做人一定要明白自己几斤几两，你认为好的，别人不一定会接受，比如在恋爱中，觉得自己为对方付出了很多，但对方可能会认为这些付出没有意义，起码对他没有意义。

做人信念坚定是对的，也可以宣传自己的主张，但一定要明白，人际关系是相互的，付出了尊重才会得到尊重，随口否定别人的“道理”，换来的只会是敌意。对于立场不同的人，我们可以选择不来往，因为两个价值观不同的人，的确会产生比较多的摩擦，但命运往往不是我们自己就能安排的，在人际交往的过程中，我们经常会遇到一些很难打交道的人，立场不同也得在一起合作、交涉、相处，这时候要达成良好的人际沟通，寻求对方的支持与合作，获得利人利己的双赢局面，就必须得逼着自己学会换位思考，比如：如果我是他，可能我也会这么做。

对孩子来说，五光十色的商场里他们只能看到大人们的腿，所以毫无吸引力，我经常看到许多母亲牵着孩子一同外出，过了不久就因为孩子不耐烦而出声训斥。我想对这些高个子的成年人说：请蹲下来看看这个世界吧！当你处在和孩子一样的高度时，就知道你眼中的繁华景象在他眼中有多么无趣了，这个时候不安抚，反而出声训斥，只会让孩子闹得更厉害，最好的方法是将他抱起来，让他和你处在同一个高度，他们自然会被热闹的场景所吸引。

换位思考是我们走向成功的一个重要技巧，做事先做人，能和任何人都相处融洽的人，他的人生路会顺利很多。其实换位思考并不难，只需将自己置身于对方的立场，去体验对方的感受，自然就能了解对方的确切需求，在彼此之间架起无阻的沟通桥梁。换位思考还有一个额外的好处，那就是可以站在旁人的立场上看自己，从而对自己加深了解，更好地自我完善。

对待立场不同的人，“说服之术”绝不等同于喋喋不休地讲大道理，与其抱怨他人“太难讲道理”，烦恼他人没有按照你的意愿去做，不如想一想，为什么应该按照你的意愿去做？这世界上本来就没有“应该”之说，每个人都可以按照自己理解的方式去生活，有权利做任何自己认为正确的事，反正后果是由他们自己承担的，那些违法乱纪的人，他们也总以为自己没错，常常看到杀人犯的悔过词是——命运辜负了，我是被命运逼迫报复社会的。当一个人因为立场与你不同，实在无法交流的时候，请让他按自己的想法去做，碰钉子了他自然会回头。

做人如果只从自己的角度来看问题，纵然心怀善意，有利人利己的美好愿望，最后的效果也往往是相反的，对方很难接受，并且可能产生厌烦情绪。生活中大多数人际冲突的产生，都是由于人们过分坚持自己的立场，却不尊重对方的立场，不能从对方的角度来理解问题，我们要明白，立场没有对错，很多事情是可以灵活变通的，不同的方式也可以获得相同的结果。

不与很难讲理的人讲理，不妨让对方“赢”

『聪明难，糊涂难，由聪明而转入糊涂更难，放一着，退一步，当下心安，非图后来福报也。

——郑燮』

有的人之所以难讲理，也许是其因为优越感太强了，他们习惯了以自我为中心，觉得自己只能赢不能输，虽然他们口才敏捷，但一说话就让人不舒服，你怎么也辩驳不了他，纠正不了他，总之，他从不接受别人的观点和建议。对于这种人，我的建议是——你让他“赢”。

所谓的让他赢，是不跟这种人做口舌之争。无论他的个性如何：唯利是图、阿谀奉承、恩将仇报、耍两面派、死不认错还是脾气暴躁，总之难讲理的人，他们的内心绝对有极强的主观意识，旁人很难将他们改变，在他们的内心世界里，没有立场不同，只有他们的世界观、价值观是对的。凡是和他们观点不同的人都是错的，这种人，你何必跟他浪费时间争执呢?

在人际交往中，人和人本来就不存在绝对的平等，必定会有一个人处于劣势，才能维持两人关系的平衡，面对一些不讲理的小人，我们可以尊重他，但不要期望得到他的尊重，所以我们谦让，谦让也是一种尊重，更是一种策略，我们通过表面的谦让，让他们占上风，来换取表面的和谐，不扯破脸皮，对谁都好。简单来说就是：你不是他爹妈，没有义务教育他。

仔细观察身边的人，人缘最好的必定是豁达之人，他们从不计较口头上吃点儿亏，夸起人不吝啬，有荣誉不显摆，面对那些不讲理之人的“三观优越感”，毫不可惜把“争论之王”的桂冠让给他们。这种人与其说是自谦，倒不如说是自信，他们不需要从说服别人中找优越感，不需要用自认为正确的大道理来武装自己，他们内心强大，知道自己的重量。

我们必须理解那些不讲理的人，他们太过于急功近利，太害怕别人的批判，也许是因为内心的不安全感，极大一部分更是来自内心的自卑，由自卑转化成妄自尊大，需要通过否定别人的观点来振奋自己，最终使自己变得孤立无援，别人都“厌”而远之。

我记得以前跑业务时，遇到过一个很顽固的客户。那是某市某区的一个经销商，他本身是坐商出身，基本都是别人来提货，他早已习惯了这种经营模式。但现在随着社会的发展慢慢转化为经销商了，这种老套的服务意识显然不行，我试图说服他先从送货上门做起，并且表达了这种模式的转变也是他的必经过程。

可是这位客户第一是年纪比我长，很看不起我那一套“新鲜”的营销观念，觉得是毛头小子读多了理论，照本宣科而已；第二他本身就是靠批发起的家，对市场并不是很了解，对自己的成功很自豪，对自己的经验很自信。我实在无法改变他的观点，而且他的应付方法是哼哼哈哈，当天当面他答应得好好的，转过头又吩咐手下的人按原样来。

面子他是给了我，其实是把我晾着，还好我当时的师傅提点了我——你不要教他，让他教你。

对于这种有了点儿成功和上了年纪的商人，是最听不进道理的，不能让他推翻自己以前的累积，索性让他“赢”一回。我听了师傅的建议，第二天就对他大肆吹捧，再也不指导他如何做市场，只是带着他跑了好几个区，自己又亲力亲为地带着他手下的人送了几次货，做了几次服务，两个月后，他自然而然地转变了方法，完全没有任何冲突。

人活在社会中，每个人都希望自己得到别人的肯定，总在下意识地维护着自己的尊严，很多时候“尊严”会具象化，如个人观点、审美、价值观，当这些东西被他人不认同或者批判的时候，很多人会自然而然地“奋起反击”。这本没有错，但一定要分清楚对象，对一些完全无法讲道理的人，最后的结果可能是坏了自己的心情，对方也开始更猛烈地攻击，演变成争吵、人身攻击、拳脚斗殴，这是非常滑稽且无意义的。对付这种人，重要的是“防御”而不是“攻击”，不讲理的人一般非常固执，在大多数情况下，他们也没有很强烈的道德观，与其结仇实在无益。俗话说“不怕贼偷就怕贼惦记”，和小人交道打多了，是给自己埋地雷。

人是慢慢成熟起来的，社会中我们要对自己的优势藏巧露拙，对自己的观点要轻描淡写，不可过分偏激，这也是一种自我保护，幼儿园的孩子可能会对自己的小伙伴说：你妈妈的眉毛细细的，好像妖怪。可是我们长大了，就不可如此直白地暴露自己的各种“倾向性”。学会吃亏忍让，时间和精力要用在实处，并为自己带来利益，不应该浪费在与小人的争执上，让他“赢”，又“赢”了什么呢？其实你并没有什么实际损失，最大损失的也只不过是一些虚无的面子而已。

面对小人，该装糊涂就装糊涂，能夸就夸，夸得他们迷迷瞪瞪、心花怒放、优越感爆棚，这就是最好的“攻击”。你能忍他，总有人不能忍他，所以他没有好人缘，所有人都在虚应着他；你必须忍他，总有人没必要忍他，当那些可以“攻击”小人的“当权者”发动攻击时，小人们的好日子就到头了。不和小人起正面冲突，才不会让自己受伤。

9

Chapter

少讲理，多退让，反而笑得最多，笑到最后

在生活中，很多人只知道前进却不知道后退，很多人只喜欢享受得到的幸福却无法承受失去的痛苦。其实，在这个复杂的世界上，没有谁能够永远一帆风顺。如果你只知道一味地前进，只知道毫无舍弃地“得到”，最终只会弄得自己身心俱疲，甚至落得一个悲惨的结局。人生是一场马拉松，暂时的退让，是为了战略全局的赢。因此，人生路上，不妨学会示弱，少讲理，多退让，少计较，多饶人。如果留心，你就会发现，能这样做的人，反而笑得最多，也能笑到最后，成为了人生的终极大赢家。

遇事谦让，为人处即是为己处

『用吃亏就是占便宜的心态做事做人。

——佚名』

世上很多人为了自己的小利益，演出了许多你争我夺的喜悲剧，殊不知吃亏与占便宜，正如祸与福一样，是可以相互依存、转化的。首先一个人要不怕吃亏，准备好要吃亏，就会使自己内心平静，不患得不患失，得以集中时间、精力去做正事。其次是就算吃了点儿亏，但收获了人情和道义，为下一次的成功打下了良好的基础，并且能得到旁观者的同情，促进人际关系，何亏之有？相反，占了他人的便宜，其一在心理上难以安稳，其二会失去他人的支持和帮助，落个坏名声，其三因为占一次便宜断了自己一条路，得不偿失，占了便宜看起来是得了利，其实不然。

有这样一个故事。老师对学生说："希望同学们都记住——给别人的要多，得别人的要少。"

"我爸爸正是这样做的。"一个学生大声说。

"你父亲是干什么的？"老师赞许地点点头

"拳击手！"那个学生自豪、响亮地回答。

这个故事很妙。先牺牲的人，不代表是弱者。人生就像在拳击台上，一个轻拳都没吃过的人，是站在拳击台以外的人，根本接触不到胜利。而一旦决定上拳击台"挨打"了，先挨几下轻拳，消耗对手力量，完全忍得住，而后保存实力，来上一记重拳，可能就夺冠了。那些不肯吃小亏冒险的人，就像站在拳击台外跃跃欲试的“精明人”，只想打别人，不想挨打，其实永远都是弱者。

“吃亏是福”宣扬的其实是“让人”，不与人争强好胜，做到不计较吃亏，甚至主动吃亏，揣着明白装糊涂。无论是口舌上的讲大道理，还是争利中的把好处往自己身上揽，都是不给事情留余地。如果总是摆出一副眼里不揉沙子的姿态，总是在讲道理，总是在争抢，在旁人眼里就是一根不想靠近的刺。

做人要学会睁一只眼、闭一只眼，让人一分、分人一些好处，于己会有一点儿小损失，别人却会感念于心，换来长久的和谐发展，岂不是皆大欢喜？“吃小亏占大便宜”听起来似乎有些不道德，其实只是一种和谐的相处之道，“吃亏人常在，能忍者自安”，最先尝到甜头的人未必能饱尝硕果，聪明人会先让自己吃点儿小亏，换来“多赢”。

郑板桥说过：为人处，即是为己处。意思是替别人打算其实是在为自己打算。东汉时有个小官叫甄宇，为人忠厚，遇事谦让，人缘不错。有一年除夕，光武帝赐给群臣一批活羊，分配的时候，负责分羊的人很发愁：羊有大有小，肥瘦不均，难以公平，这些官员又都不能得罪。大臣们也互不相让，这不是一只羊的事，是面子问题，于是纷纷出建议，这时甄宇说话了：“随便牵一只就好了。”他率先牵了一只最瘦小的羊回家过年去了，大臣们也不好坚持，有了台阶下，各自牵了一只羊就走。此事传到光武帝耳中，为了褒奖甄宇的德行，特赐“瘦羊博士”的美誉，不久在群臣的推举下，甄宇又被提拔为太学博士院院长。

放弃、让步、吃小亏，当时的目的不一定是为了一个具体目标，只是为了积聚“实力”，有机会再把自己推到一个高度。所以我们何必煞费苦心去争、去比、去要呢？人总是有舍才有得，不如把这种“舍”的主动权掌握在自己手上，总比“被动吃亏”和“无妄之灾”好得多。这本身就是一种占便宜，计较自己一时的得失，当时可能没有吃亏，实际是失去了未来的机会。

但吃亏也有技巧，不是随便地吃哑巴亏。会吃亏的人，亏吃在明处，便宜占在暗处，说起来简单，理解和做到却很难，学习很重要，比如请你环视周围，凡是在事业有成的人，必定都有过吃亏的经历。

温州商人以精明著称于世，但我认识的一位温州籍老板却以“吃亏”获得了成功。老板经营了一家配件公司，一次有个老客户来买一种配件，因为这种配件奇缺，很多地方都缺货，客户又要得很急，怠工一天的损失是无可估量的。老板的公司也没有存货，但为了保住这个老客户，他下了保证：一天之内拿到货。

老板直奔苏州，谁知苏州也没有货，于是连夜坐飞机赶往温州老家，几经周折联系了十几个厂，才买到这种奇缺的配件。一个几百元的配件，中间只有几十元的利润，但这位温州老板花费了几千元的成本来为客户寻找，解决了客户的难题。客户也很会做人，大张旗鼓地联系了各种媒体，很快这件事就在业界流传开来，这位温州老板的配件公司生意越来越好。

温州老板为了给老客户找配件，看起来是亏了几千元，但与获得的好名声相比，实在是不值一提的损失，这种吃亏，就是有着深谋远虑的精明之举。

除了事业上的“吃亏”谋略，日常生活也一样，小到中午吃饭还是吃面，大到女人一直徘徊在富豪王先生和帅气李先生之间，到底要选择谁结婚呢，不愿意做出选择，怕选择错了，容易吃大亏。人总是在计较得失，就会失去快乐，到最后无可选择，比如前面提到的饭和面都卖完了，王先生和李先生一怒之下都走了，于是又高叹着“完了”，同时后悔不已，却忘了是自己不愿意做出“可能吃亏”的牺牲在先，让幸福白白溜走。人生所做的每一个决定是权衡得失的结果，然而太多人往往什么好处都想占，生怕自己吃一丁点儿亏，这样只会路越来越窄，失去幸福和快乐。

一个人只要愿意吃小亏，敢于吃小亏，不算计事事占便宜、讨好处，日后必有大福可得。当今社会，大概没有一辈子不吃亏光占便宜的“奇人”了，每个人都很精明，于是很多人开始算计——如何不被别的精明人坑害并且占到便宜呢？这世界上最厉害的招就是“出奇制胜”，旁人越是精明，我们越是要不“精明”，不要光想着只占便宜不吃亏的好事，有时候明知自己有点儿损失，也不要斤斤计较，想占大便宜，总得先吃点儿小亏。

丢得起面子，才赢得了面子

『只有不要脸的人，才会成为成功的人。

——任正非』

人活一世，草木一秋，做人千万不要为了一些虚无缥缈的面子多番计较，反而失了里子。丢得起面子的人，才能得到旁人的赞赏，得到别人的尊重，最终赢得面子和里子。

爱面子是我国国民的共性，日常聊天中也常带出“看我面子”、“给点面子”等话语，谈天谈判、穿衣戴帽都会力求展现自己最好的一面，面子文化的确不容小觑，是一种混迹社会的潜规则。学好这种潜规则本没有错，错的是越来越多的人舍本逐末，为了面子杀鸡取卵，为了面子李代桃僵。

其实面子本身就是一种虚无缥缈的东西，偶尔会有一些意义，但大多数时候什么也带来不了，不少人为了面子错失了原本属于自己的机遇，为了面子上当受骗，为了面子死不认错，为了面子说谎算计，为了面子不惜出卖灵魂，为了面子哑巴吃黄连。苦了自己倒是小事，最大的遗憾是一辈子都为别人的眼睛和嘴巴活着，完全失去了真实、惬意、轻松、自在，最终还是一事无成。

面子，就是一个人的脸皮，有的人自尊过头了，认为面子比命还重要，秉持着“人争一口气，佛争一炷香”的原则，影响着他的社会交往和处事原则。面子这东西，有时候的确可以决定一个人的命运，譬如《水浒传》里的武松，他就是一个很爱面子的人，明知山上有虎，本不想上去，却因之前跟酒店老板夸下了海口，只得碍于面子硬撑着上山，所幸结局不错，得了个“打虎英雄”的美名，这算是正面的例子，但是为了面子而丢掉性命的也大有人在，最典型的莫过于乌江自刎的项羽，兵败之后，“无颜见江东父老”，不如一死。

相信很多人都发现了，生活中最好面子的那一类人，往往也是最固执、守旧的那一类人，别人跟他说道理说不通，偏偏又特别爱向别人“传道”，整天把“做人的原则”挂嘴边，规范、传统指挥着他们的言行。这种巧合看似很妙，其实仔细一推论，再正常不过了。

可是面子这东西，你自己不争气，靠别人给，那是不可能的。我有个远方表叔的女儿，学历、能力都差强人意，心气却很高，表叔托我给她找个工作，我左打听右打听，给她联系了一个生态食品的公司做客服，待遇不错，而且因为公司业务的关系，基本不用上晚班。

但她不去，理由是：客服是什么？接电话的！而且有个“服”字，和服务员有什么区别。表叔也打电话来：我们家再穷也不会去干“伺候人”的事，还得重新再找一个。

我非常惊奇，这个社会基本已经行行都可以说是“服务业”了，怎么他们还有这样的思想？后来我这个远方表妹一说，我明白了，工作不好，没办法跟同学、朋友说话，表叔也不好在邻里之间炫耀。

过了一段时间，远方表妹自己找了一个“营销主任”的差事，整天在各个小区间爬楼转悠推销一种新型清洁用品，底薪只有200块，没有任何培训，基本就是廉价劳动力，卖出去就卖出去了，没卖出去反正就200块钱。我对她说她在浪费青春，反倒被她教育了一番，聆听了一通有关激情、销售、创业的言论。

虽然我不知道她的选择是否正确，但我知道她毕业几年，现在还无法养活自己，父母不寄钱，饭都没得吃。我从中看到了一点，面子这东西，真是重若千斤。古代可以让武松冒着生命危险打虎，现代可以让一个年轻人冒着被饿死的危险坚持所谓的“面子原则”。

光阴变迁，时代发展，我们作为现代人，请不要活得那么执拗。原太平洋集团董事局主席严介和曾说过：“什么是脸面？我们干大事的从来不要脸，脸皮可以撕下来扔到地上，踹几脚，扬长而去，不屑一顾。”这句话引起了很大争议，我却觉得非常正确，知道自己有多重，不把面子当性命，视面子为虚无，这才是一个成大事之人应有的风度。

史玉柱、俞敏洪、严介和、陈天桥都是超级富豪，也是真正的草根出身，在他们成为超级富豪的道路上，付出了巨大的代价，付出了超乎常人的努力，忍受了很多“无法忍受”的屈辱和痛苦。相比之下，小小的“面子”算得了什么？每个人都想成功，愿意付出的人却不多，在日常生活中舍掉“面子”都不肯，如此计较，必定是无所成的。

“面子”其实是许多年轻人人生中的第一重障碍，能否正确地认识面子，决定了许多事能不能做成，也就决定了人生的大方向。想要在中年时从容，年轻时就坚决不能“死要面子活受罪”，过分爱面子，就会失去机遇，把自己看得太重，很难成大事。所谓先丢脸才能有脸，做人或做事，小事或大事，都不要把面子看得太重。远的不说，看看身边的“60后”老板们，他们多半是在改革开放初期致富成功的，他们抛开了虚荣的面具，干上了“个体户”，并且有许多大富豪是从“捡破烂”和“擦皮鞋”起家的，也许他们没有高学历、高智商，但他们能有这样的魄力，本身就具有与常人不一般的人生观、价值观，所以今天能过着比常人舒服得多的日子，面子又算什么？

如果说生活上的不富裕还能接受，而因为“面子”折磨了精神才是致命的。因为好面子，做事游移不定，没有执行力，没有宠辱不惊的定力，没有自然大方的交际能力，于是每天深陷在对自己无能的自责中，每天都在思量要不要跨出一步。顾及脸面最后可能会导致诸事无成，并且活得也不开心，很多受过良好教育的人创业成功率很低，原因就在于他们太好面子，失败之后则一蹶不振，耽误了大半人生。

人要做一个务实的实践者，虽不说一定要成大事，起码不要把面子看得太重，自己也会放松些。所谓的“不要脸”并不是一种卑劣，而是指不要把自己当回事，这个社会考验的不是人的尊严，这个社会需要一个人的智慧和能力，只要你有了实际成就，身在一定的位置上，才真正有了面子，别人也会主动给你面子，否则根本没人在乎你的面子。

面子有时候只是人们为了逃避责任的借口，人本身就有惰性，不逼一下，永远不知道自己的底线何在，不积极改变，永远不知道自己能走到哪一步。我们每天都会面对诸多挑战、压力和困难，必须得有一种豁出去的决心，把面子拴在脚上，集中注意力去做事，行得正、站得稳，面子在理想面前，实在渺小得不值一提。

没有绝对的对与错，做人不妨糊涂一点

『不要因为错过夕阳而哭泣，那样你将失去更美丽的夜空。

——泰戈尔』

郑板桥有句名言：难得糊涂。这句话被无数后人奉为座右铭，制成条幅，悬于清雅书斋、辉煌酒楼、穷乡小馆中，挂在权贵政客的办公室、明星大腕的会客厅，但真正能理解并做到的能有几人呢？做人一定要知其然并知其所以然，要真正明白"难得糊涂"，应该了解郑板桥在写完"难得糊涂"之后，下面还写了一行小字：聪明难，糊涂尤难，由聪明而转入糊涂更难。放一着，退一步，当下安心，非图后来报也。

所以"难得糊涂"的真正意义在"放下"，退和让是一种不争，不深究小事对错、功过，给别人赢的机会，看起来糊涂，其实也是放自己一马，让自己心安。

做人难，做聪明人难，做糊涂人比做聪明人更难，因为知道有时候该装糊涂，但不知如何做到"该糊涂时糊涂，不该糊涂时决不糊涂"，把握好这个度，是一门可以修习一生的学问。这也就是为什么很多人很善良，人缘却并不好；有的人很聪明，但越过越差；有的人事业成功，家庭问题却一团乱麻……他们缺少的往往不是智商和能力，而是缺少一些"糊涂"的智慧。

做人做事，都不可太钻牛角尖，要想得开、放得下，退一步，海阔天空，很多小事何须跟人争对错呢？反正事情总会随着时间慢慢清晰，得出答案，抑或慢慢变淡、慢慢化解、慢慢消融，影响不了大局，所以当初不如睁一只眼闭一只眼，装装

糊涂。

周太太一大早就接到婆婆的电话，问她国庆节去娘家住几天。周太太表示4号回来，婆婆当即就下命令了："不行，我3号要到乡下喝喜酒，宝宝在家没人照顾，你3号就得回来。"周太太很不高兴，家里的事婆婆硬要一人掌握已经很让人不满了，现在这意思是连外出都要受管制，何况周太太的确很久没回娘家了，想多住一天都不行，越想越气，当即就说："宝宝已经3岁了，他爸爸在家，怎么不能照应？非得我回来！"婆婆不高兴了："他一个大男人很多事都想不到，何况国庆节你就不能让他好好休息休息？"

周太太火冒三丈，马上打电话把周先生大骂一顿："你工作辛苦，我就不辛苦了！"周先生心里明白，这事情说不清谁对谁错，谁对谁错都说不得，怎么办呢？只有装装糊涂，打电话给自己妈"不经意"提到3号那天打算带宝宝去会朋友，朋友也有孩子，都是一群"男孩子"，准备去电玩城逛一圈。周婆婆马上高兴了，老年人最爱巧合的事，嘱咐了几句"注意安全"就完了。这边解决了，周先生马上安抚自己老婆，让她安安心心回娘家，还主动买了不少贵重礼品。

"难得糊涂"完全可以运用到家庭关系中，像周先生一样，不是轻易解决了母亲和媳妇两边的关系吗？婆媳关系自古就是大问题，男人是夹在中间最为难的，想公平一点儿就事论事，可往往发现根本分辨不了谁对谁错，就算分出了谁对谁错，指责任何一方，都有可能造成天翻地覆的结局，没有达到和谐的目的。本来生活中多是一些琐碎的小事，倒不如忽略掉谁对谁错，极力解决问题也是上上之策，君不见不少因为婆媳关系引发的惨剧都是因为处理不好"对错"问题，婆婆、媳妇这一边太计较，丈夫这边又不懂权衡。

可见，人生中的大事、小事都可用"糊涂"来应对，说到大事，在社会中的为人处世，更应沉着冷静，多几分思量，面对一些不公平、陷害、争论，也应能屈能伸，不计一时得失，生活错综复杂，瞬息万变，不如用"该糊涂就糊涂"的心境笑看世界。小事不计较，遇到问题心中清醒，言行少许糊涂，可以进退自如；无伤大雅的问题，不过分计较，做事才能左右逢源、游刃有余。

以职场为例，工作中我们常会遇到不公平的现象，身边的人好像都有"特殊身份"——谁是领导的心腹，谁靠着关系来的，谁不干活却拿高薪水。如果我们时刻关注这些事，就会不平衡有怒气，有怨气就会泄气，甚至无端地烦恼、郁闷。

其实有的事看透，更要看破，不要在意自己的扎实肯干是“对”，别人靠“暗箱操作”上位是错，其实就算没有这个人也会有别的人来占领资源，这个社会从不缺少这种事，他们的背景本身就是一种资源，假如你因为究竟这种规则是“对”还是“错”放弃努力，那么你连唯一的机会都没有了。

有些事想开一点儿，受到的伤害也会小一些，当你拥有了一些“资源”时，自然也能像他们一样优先占领利益。细细琢磨一下，在职场中“糊涂”一点，乐趣会更多，比如领导虽然提拔了一个关系户，但给你的工资待遇不错；虽然有的人不干活拿着高薪水，但他在办公室里闲着也很不自在，而你平时工作虽然忙碌，但有成就感，周末也不用加班；公司的食堂员工伙食比不上高层伙食，但起码不用自己出钱……

任何事都有两面，关键在于我们怎么看、怎么想，糊涂哲学不是得过且过，不是敷衍度日，而是从容不迫的气度和少计较的态度，所谓“过程糊涂、结果不糊涂；表面糊涂、心里不糊涂；小事糊涂、大事不糊涂”，每个人都应该有这样的思维和心态。

世人往往耍小聪明者居多，事事、处处、时时都在计较的人太多，凡事都要争个是非曲直、功过利亏，往往会因小失大，不懂得找平衡，时常让自己处在紧张的状态下。而那些有大智慧的人，他们知道什么事该计较，什么事该糊涂，该舍小利时便舍小利，该不争时便不争，该糊涂时便糊涂。

好强的人需要学一点“输的智慧”

『悲观些看成功，乐观些看失败。轻松些看自己，宽容些看别人。理智些看问题，纯真些看人生。

——佚名』

失败很痛苦，但是没人能避免失败，个人再好强，也不能把控天时地利，所以我们有时候需要有意识地让自己“输”一次，没有经历过失败的人永远不懂什么叫成功，就像没尝过苦味的人无法对比甜有多么可口。假如一个人活到25岁，还未品尝过失败的滋味，这本身就是一种失败，是运气也好，刻意规避也罢，都不是一件好事。

好强的人往往会压抑着自己，无论大事、小事，强撑着让自己不失败，压力大是其次，最可怕的是这样极力营造会出现一种假象，让他们觉得自己非常强大，总是“赢”，于是意气风发，自己也无法正确评估自己。养成这样的心理，在某个关键时刻会酝酿出一场巨大的风暴。

锦绣楼最近要招聘一名厨师长，同时有两位厨师前来应聘，都是有经验的“大师傅”，按业内规定，两人将各上岗三天，最后来决定聘用谁。

第一位厨师不仅专业、勤快，也很有管理才能，经常召集小帮厨来比赛，这时候，大家总能被他的厨艺手法所折服，光是“绑螃蟹”，他五分钟可以绑二十只湖蟹，其他帮厨最多绑十只。

另一位应聘厨师，也被老板鼓动着召集了一些比赛，但这位厨师“绑螃蟹”的动作并不快，他自己也开始自嘲，笑闹间，所有的小帮厨都很喜欢他。于是接下来的三天，一到了空闲时间，他就号召所有帮厨一起练习，最后大家的速度都提升了不少。

竞聘结束后，老板决定聘用第二位厨师，第一位厨师很惊讶：绑螃蟹的速度比帮厨还慢，这样也能赢？

老板说出了自己的原因：作为厨师长绑螃蟹这种小活并不能说明什么，第一位虽然手脚很快，但也可以明显看出，他类似的比赛总是赢，让大家缺乏自信和动力，第二位绑得慢，其实他五分钟可以绑二十五只螃蟹，他主动输，让手下人有了积极性，每个人的速度平均提高了五只，对这些小帮厨来说，是大大提升了效率。第二位更懂得激发手下人的干劲，收买人心，必定是个好领导。

人再怎么规避风险，再怎么幸运，也不可能一辈子一次失败都没有，太好强的人失败得少，一旦遇到一次规模较大的“输”，对他们来说就是一次浩劫，会失去之前所有的自信和心智，就像之前没有经验、没有失败的“抗体”，必定承受不了打击。我见过一个年轻才俊，中年时经历了一些小波折，于是完全放弃了向上的念头，开始吸毒麻醉自己，最后自然是害了一大家子人。

简而言之，主动练习“输”是一种心理素质的锻炼，这同时也代表勇敢，一个人假如永远不挑战自己，的确很少“输”，同样，成功的机会也很小。一旦养成了这种畏首畏尾的心态，做事放不开手脚，做任何事都是平庸之辈，不输也难赢。

要想赢，先认输，在人际交往中也要这样，凡事何必咄咄逼人，这世界上最难听的声音是嘲讽，最好听的声音是赞美。我们在和他人的交际中，为逞口舌之快，在某件小事引发的争吵中占尽上风，自认为赢了，可事实却输了，输掉了交情，输掉了脸面，输掉了尊重。语言也是有温度的，这个世界没有铁石心肠的人，理想状态下你不与人争，自然没人来找你的茬儿，用“输”的态度换来“和”的局面，这才是真正的赢。

好强的人要记住：永远不要有一颗和人争的心。这不是淡泊名利，不是懦弱无能，不是胆小怕事，人要“斗”的从来只有自己，我们要战胜自己的内心，这样才能成为人生赢家，而不是针对某一个人、某一件事去较劲，这是一种消耗生命的行为。

做人不要怕输，在很多事情上退一步，集中精力、放开手脚挑战，去做一些有意义的事。失败是成功的最好燃料，小“输”一把可以让人懂得什么是正确，下次尽量不犯同样的错。坚持这种原则的人，比总是想“赢”的人更容易取得成功，就像在牌桌上，输了也没什么，也许输了也能让牌局一直持续下去，最怕的是一个人赢了三家的钱，自己小输一把就面色不安，拍桌子瞪眼，这样的人，人缘必定不好。

在摸到臭牌的时候，就要随时做好输的准备，偶尔还得送几张牌给别人吃维持牌局。这就是学会认输的真谛，任何身陷泥淖的人，都知道及时地爬起来，远离那个泥淖。生活中这个“泥淖”也许是一场僵持不下的争吵、一段是是非非的关系、一个纠缠不清的投资项目，好强的人身在泥淖里，还不愿意起来，他觉得起来了就是被泥淖打败了，自己还沾染一身污泥，太没面子了！聪明的做法是，身在“泥淖”，就别和“泥淖”搏斗，否则只会让自己越来越“脏”，不如早点起来回家洗个澡，也许还不会引起旁人的“围观”。

做人不要太好强，偶尔示弱没什么大不了，无论是生活小事，还是人生大事，太过于坚持“我一定要赢”，结果也许是把自己逼上绝路，最终一败涂地。比如生活中的小争小吵，请放下好强，让自己输一次，争辩赢了又能怎么样呢？对一些人生的大事，应该在年轻时主动去挑战，尝试几次失败，年轻的时候经历失败，总好过中年时没有应对失败的经验。

“一根筋”不如弹性做人更令人左右逢源

『动静屈伸，唯变所适。

——王弼』

人一生中机会有限，一切都处在变化之中，时过境迁，机会也不再来，智者在社会中会根据具体情况考虑应变的方式，而愚者不知应变，“一根筋”到底，往往会被现实所抛弃。

大学毕业后，严光回到家乡承包了50亩荒地，开始建造农场，可是不到两个月，年轻气盛的他就和村干部们发生了冲突。有人劝严光，为了事业去找干部服个软，这有什么呢？严光却极为不屑，说：“做人要有尊严，我绝不向这些小人卑躬屈膝！”于是他一直孤零零地守着他荒芜的农场，没有村干部们的同意和批准，很多事情都不能实施。

另一位大学生胡伟毕业后分配在县城工作，主动要求到基层学习。在基层，他的主要任务是开发矿产资源，在组织建设选矿厂时，胡伟发现有一部分钢材被领导调用了，细细打听原来领导用来送礼了，他气愤地去问领导：“这个损耗怎么好计算呢？”领导也没有生气，反而指导他：“年轻人不懂得人情世故啊！你要习惯，对需求费用不能死板计算，必须把一些‘人为’损耗加进去。”胡伟仔细一琢磨明白了，在以后的工作中，他一次次修改自己的“原则”，只是守住底线——改变家乡的面貌。

几年的磨炼下来，严伟悟出不少“人情世故”，领导们都觉得他灵活能干，自然对他的工作非常通融。严伟很顺利地给乡亲们谋了不少福利，乡镇企业利润年年翻，乡亲们的人均收入得到了大大的提高。这么一来，不管是上面还是下面的人都对严伟赞不绝口，由于政绩突出，严伟27岁的时候就被任命为乡党委书记，又过了4年，他已经被提升为副县长。

做事固然需要坚持原则，但不懂适时变通，太“正直”了就很容易碰钉子，所谓变通就是以改变自己为途径，最终通向成功。人改变不了过去，但可以改变未来，要想改变环境，就必须改变自己，明智的人总在适应世界，而愚蠢的人坚持要世界适应自己。每个人每一天都面对着层出不穷的矛盾和变化，是一根筋固执到底，还是采取灵活机动的变通方法应万变？这是每个人都需要思考的人生态度。

所谓的坚持原则有时候只是一种执拗，其中包含了三种心态：好面子不肯弯腰；害怕挑战转变；太计较所谓的是非对错。水随器而圆，人随水则变通，这世界中最不可阻挡的是变通，学会了变通，什么都不需要恐惧，做人如果能像水一样柔和变化，该聪明时聪明，该糊涂时糊涂，该出手时出手，该休止时休止，再艰险的障碍也能轻松避开。

弹性做人，必须得学会审时度势，打破常规，才能左右逢源。审时度势要保持两种心态，第一是冷静，达到平心静气、心平气和；第二是宽容，内心要海纳百川。苏轼有两句名诗：“静故撩群动，空故纳万景”，意思是人只有在内心通透以后，才能接纳外面的景色。在现实生活中，我们要保持平和、大度，思考的时候不带着浮躁情绪，自然会柔和不少，避免冲动地按主观行事，就不至于作茧自缚，自然万事得理、一顺百顺。

弹性处事，必须有勇气应对变化。做人不要给自己定规则，想学会变通，必须要有勇气，调动所有的力量去迎接以及挑战变化。每个人都有着无可估量的力量，这是一种非凡的能量，可以唤醒人心中的潜能，应对一切变化和困难。

现代社会，人际关系越来越复杂，人们的生活压力也越来越大，为人处世也就变得越来越重要。处理事情要变通，与人交际更要懂得变通，常听到一些人抱怨处世艰难，处处不如意，满腔热血、满腹经纶却一事无成。人生在世，每个人都想轰轰烈烈地干一番事业，这才无愧于在世上走一遭，可是造化常常弄人。他们不明白人生不如意之事十之八九，才能不是成功的唯一标准，整天闭门造车，最终只能是痴人说梦。

世界上能够成就一番大事者，除了才华、努力、做事技巧，在人际关系的处理上，肯定都有自己的“秘笈”，这些“秘笈”帮他们找到帮扶自己的贵人，帮他们开启机会的大门，帮他们逢凶化吉。如何与人交际可谓仁者、见仁智者见智了，每个人的处理方法不尽相同，但抓出本质，归结起来，也就是“圆融”二字，圆则通，通则融，灵活多变、圆融通达是交际的“至高境界”，与人相处要圆融，日常来往才能从容，这是一种世故，世故并不是贬义词，有时候它只是象征着一个人心智成熟的程度。

生活中无数事实证明，善于变通的人会容易成功，过于固执的人却是越变越差，掌握一点“弹性哲学”，学会一点变通之道，才会应对人生中的各种变化，在变化中寻找到机会，在变化中取得成功。

理直气也别太壮，得饶人处且饶人

『人心不是靠武力征服，而是靠爱和宽容征服。

——斯宾诺莎』

在生活中与人交际，难免有个磕磕碰碰的，不明事理的人不讲道理，无理也要搅三分，明事理的得饶人处且饶人。每个人都有犯错的时候，对别人不依不饶，理直气太壮！就算对方认错了，双方之间也有了解不开的疙瘩。生活中要得到好人缘，发生摩擦请先从自己身上找原因，站在别人的立场想想，深入理解对方的内心世界，多一点宽容，其实对自己也是一种解脱。

对方犯了错，本来就很懊恼和尴尬了，在这个时候“痛打落水狗”，显然是小人之举，何况生活中没有那么多大仇大恨，又何至于“痛打落水狗”呢？忍让是一种豁达，是一个人有涵养的体现，输的人已经输了，他自己心里明白，周围人也看得清楚，倒不如给对方一个台阶下，趁机摆谱、说道理，穷追猛打的样子，就算本来对了也会变成错的。

和人斤斤计较没有益处，和别人争强斗狠两方皆输，给别人留一条路，就是给自己留后路。生命短暂，我们必须把自己的精力和时间用在有价值的事上，不要总是试图证明自我的正确，正确了能又怎样？别人自有他们的一套处理方法，谁也没有权利干涉。

做人也要低调些，不需要时时、处处、事事都唯“我”独尊，真正的人格魅力是无声彰显的，从没听说过有谁靠吵架来获得别人尊重的。很多时候我们即使占理，也要体谅和包涵，善于妥协和让步。人不讲理是缺点，人硬讲理是盲点，理直气“和”远比理直气“壮”更能感化他人。

人不要执着追求表面上的胜利，人与人相处总会有磕磕绊绊，伴侣之间有不快、同事之间有矛盾、与客户有摩擦，这些都是生活中的小事，不一定非得争出个高低胜负、分出个你对我错。很多时候，只是因为大家立场不同，出现分歧是在所难免，谁对谁错难以分清，谁是谁非无须纠结，留一点余地给他人，不但不会吃亏，反而还会有惊喜和感动，人与人之间任何互动都是相互的，就像镜子和山谷，你所看到的画面、听到的回音，都是你先显露，对方照原样回馈给你而已。

有的人一旦觉得自己有道理，就会揪住别人的缺点穷追猛打，不但不利于问题的解决，只会使人际关系恶化，为自己树敌。可惜，这些人一旦身陷斗争的旋涡，就会不由自主地浮躁起来，面子大过天，一得了“理”便不饶人。其实得理不饶人不过是吹响了下一次斗争的号角，对方这一次“竖了白旗”，从此他心理上没有了顾虑——你如此对我，我也不用客气。下一次有了机会，他肯定会为了面子或利益“讨”回来曾经的得失。

所以在别人知错的情况下，就不要揪住他的小辫子不放。我曾经看到过一个报道，一个刚毕业的男孩子把他的同事残忍地杀害了，原因就是杀人者有一次工作出错，在认错多次的情况下，这位“老同事”以大欺小，非逼着杀人者写检讨，杀人者认为出了校门还写检讨实在有辱人格，面子上拉不下去，心里越想越想不开，于是就酿成了惨案。在一个人已经当众认错的情况下，还一再要别人低头，是严重损害了他的尊严，这样做，只会进一步激化他内心的反感，更有可能做出一些过激的举动。

中国有句古话说“杀人不过头点地”，我们为人处世一定要有理有据、有礼有节，人处事固然要“得理”，但绝对不可以“不饶人”。一位高僧受邀参加素宴，席间，发现在满桌精致的素食中，有一碟点心居然是用猪油做的，高僧的徒弟故意把那个盘子拨到中间，打算让主人难堪。可是高僧立刻制止了他，并把那块小点心拨到自己的袖子里，滚落在桌下，徒弟很不解，席间一度要出声说出这件事，都被高僧制止了。

宴后高僧辞别了主人，徒弟不解地问：“师傅，刚才那份点心是猪油做的，是厨师故意让我们难堪，还是主人让我们难堪？徒弟只是想点出来，让他们别太得意而已啊！”

高僧说：“人不可用恶念推测别人，何况无论是有心还是无心，究竟是谁的主意，只要你当场说出来了，主人当着众人的面，盛怒之下他一定会处罚厨师，这又是何必呢？”

人活在世上，有时候需要一颗“佛心”，在别人理亏时，放他一条生路，他自然就会心存感激，就算没有感激，日后也不会因为这件事而记恨，少一个敌人总是好的。在对方走投无路的时候仍旧穷追猛打，很有可能激起对方“反攻”的意志，穷途末路之下，就有可能不择手段、不计后果。

做人要胸怀开阔，豁达而不拘小节，时时、事事、处处看得高远，才不会因为目光短浅而斤斤计较，纠结一些鸡毛蒜皮的琐事，以至没有精力去成大事。凡能成大事者，必定都是容人所不能容，忍人所不能忍，精于“攻心”，懂得求同存异，组建自己的团队。古代许多皇帝就是这么做的，身为九五之尊，尚能纡尊降贵地容忍别人。现代有许多成功人士也是这么做的，身为大企业家、大富豪，也知道什么时候不必追究，我们又有什么做不到的呢？

有理的人越是表现得谦让，越能显示出他胸襟坦荡、富有修养。得理不饶人，张牙舞爪，出口伤人，只会激起更大的矛盾，于人于己都不利。凡事忍让一点，多从自己身上找原因，多一句不如少一句，积极找寻解决问题的方法，不仅能消解彼此的矛盾，还能赢得他人更多的尊重。

贤人争罪，愚人争理：少讲理多退让是做人的大智慧

『做一个好听众，鼓励别人说说他们自己。

——戴尔·卡耐基』

年轻的时候，以为每件事都需要说得清清楚楚，论对错，评功过，才能称得上正直清明、顶天立地。但是随着年龄慢慢增长，才知道很多事情发生在特定的情形下，是没办法讲道理的，讲道理只会让自己陷入无穷尽的烦恼中。

关于争理有一个故事：孔子的一位弟子，平日最喜欢争论，一天他遇到一个小童，小童拦住他问："听说你是孔圣人的学生，你的学问应该挺好的，我想请教你一年有几个季节？"

弟子心想这还不简单，回答："四季"。小童说："错了，是三季。你这样也叫孔圣人的学生？"弟子很生气，心想：明明是四季！

于是这位弟子和小童展开了争论，恰好这时遇到了孔子，小童请他来评断，孔子看了看这个小童，说："三季。"小童很得意地走了。

弟子不解，问孔子原因，孔子回答："那小童是一只蚱蜢变的，蚱蜢一年中只活春、夏、秋，哪里知道冬这个季节呢？你与他争论是没有结果的。"

因为一点小事，孔子的学生和一个小童辩论，辩论的还是"一年有几季"这种愚蠢的问题，我相信很多人都会觉得不可理喻，认为是在浪费时间。但在生活中，

有很多人却常常犯这种错误。

其实我们不必与他人争执，每个人的境界不同，都有自己看待事物的立场，哪怕这种立场是错的，也能形成一种“道理”，所以每个人都有自己的道理，你把自己的道理讲出来，人家不一定能懂，反而也许会因此结仇结怨。

青春期也是叛逆期，父母说什么都听不进去，其实每个人一生都有“叛逆因子”，不喜欢别人对自己指手画脚，想想自己的青春期，是不是一听到大人们说“我吃过的盐比你吃过的饭还多”，心里就想“吃那么多盐也不怕高血压”。这么一回忆，也许就能理解他人被你灌输道理时的心情。

沟通是一门学问，说服更是其中的难点、重点，没有一颗宽容之心的人，最好不要轻易挑战。人一开口讲话，就会从口中发表出“认识”，这个“认识”是基于自己的思维，别人只要回复，那就是他的观点，有时候会观点相同，但大多数时候是观点不同，更有些时候，是别人根本就懒得回复，因为他并不认同你这个观点，更不愿意浪费时间与你争论谁的观点正确。

少讲大道理的基础，就是心态要平衡，简单来说就是——不要总认为自己是对的。巴甫洛夫说过：无论什么时候也不要以为自己已经知道了一切，不管人家对你评价多么高，你总要有勇气对自己说——我是个毫无所知的人。总认为自己是一贯正确的，这本身就是一种错，真正有才德的人总是争着承认自己有错，急着找寻自己的缺点，愚蠢的人才争论输赢，他们总是用尽一切办法让别人接受自己的观点。

少讲大道理的中心，就是要三观正确，也就是——不要总把自己的观点强加到别人身上。你喜欢吃什么，不代表每个人都喜欢；你喜欢穿什么，不代表每个人都能欣赏，这是一个非常简单的道理。思想狭隘的人便常常认为别人不大度，认为别人没有领会自己的理解与包容，实际上他自己才是最不能够“放下”的，他害怕失去周围人的认可，才急于向每个人灌输他所谓的“道理”，并且寻求认同，当他得不到认同时，就开始了争论，乃至发展成争吵。

在人际交往中，有一个心理现象，是非常常见和正常的，心理学上称之为“投射效应”，意思是人们形成对他人的印象时总是假设他人与自己有相同的倾向，而后把自己的情感、意志投射、强加于他人身上。打个简单的比方，一个怀春的少女，因为喜欢的男孩子多看她一眼，就会怀疑他是不是也喜欢自己。也许这种认知倾向就是原因所在，很多人都有过这样的心理活动，以自己的认知标准去衡量他人。

但有的人在这种心理产生后，会理性地加以分析辨别，即使认定了，也不会显露出来，这是一种智慧，毕竟在人际交往中，总是以个人为中心去指点他人是不正确的，不管“道理”本身是对是错，他人总有一个接不接受的选择权。而另一些人不管认不认定，就会把自己的认知暴露出来，让他人知道——哦！我在评判着你。这种行为，不管面对的是陌生人，还是父母、爱人，甚至是自己的孩子，在任何关系中都是让他人感到不快的。

生活中的很多时候，我们常常会对别人的观点和行为不理解，产生“不可理喻”的印象，甚至在争论过后，他们也是“孺子不可教也”，但是你有没有想过，当你说别人不可理喻的时候，也许是因为你自己的不可理喻所致。人际交往中，我们要把心态摆正，不要把他人放在自己的框框中随意评定，减少争论，切忌争吵，可以从三个方面来改变：

一、加强沟通，全面了解。当你觉得一个人完全无法沟通，两个人的想法格格不入时，不如开诚布公地与对方谈一次，彻底了解他的想法，为什么要这么想，他倾向什么、怕什么。当你了解了他，也许就能更好地理解他，用真诚的沟通代替猜疑和假想，用客观的了解代替主观的认知，这将为你缓解并减少许多矛盾。这一条，尤其适用于爱人、亲人之间。

二、换个思维。在生活中，投射不是不对，但是要避免争理，还得换个思维来投射，任何观点都需要经过思考来印证。只有通过思考，我们才不会被外在的表现所蒙蔽与误导，错误地“投射”他人。因此，惯有的思维会让我们一次次走在相同的路上，不妨换个思维，下次当你对他人下判断的时候，考虑一下这个结论是否受到了自己旧经验或固定思维的干扰。

三、设身处地，做人要有同理心。每个人的受教育程度、自身个性、社会地位、生活环境都不相同，必然决定了每个人的思维、行为不同，不要总站在自身的角度去看别人，要有一颗包容万物的心，这在心理学上称为“同理心”。

少讲理才是做人的大智慧，哪怕是教育孩子，也要慎之又慎，尽量不要选择太过绝对的“道理”，要找到客观的“道理”，其实最好的方式是少讲道理、多举例子，讲个小故事也比干巴巴的道理好。

道理的认知是以个人的生活经验为基础的，人和人之间不要把道理讲得太清楚，话不说透，不是不真诚，一是为自己留底线，二是每个人的生活都需要自己体会，请留给他人感受、领悟的选择权，再好的道理，也不需要你来“好为人师”。